はじめてでもきれいに縫える

お裁縫の基礎

加藤容子

日本文芸社

contents

pre-making

何を作る？　何がかんたんで何が難しい？
洋服を作りたい 6
バッグを作りたい 6

完成までの流れを知ろう
作るものは決まりましたか？ 7
必要なものをそろえましょう 7
こんな手順で作ります 7

用語を知ろう
洋服のパーツの名称 8
バッグのパーツの名称 9

第1章　材料図鑑

§1　布について

1. 布の分類 10

2. 素材
   天然繊維 11
   化学繊維／混紡 13
   加工布／初心者には扱いが難しい布 14

3. 織り地と編み地
   平織り／綾織り／ニット地 15

4. 染め
   先染め／後染め 15

5. 柄 16

6. 布について知っておきたいこと
   布幅／布の耳／布目／表裏の見分け方 17

§2　接着芯について

1. 接着芯とは
   貼る場所／接着芯の仕組み 18

2. 種類
   不織布タイプ／織り地タイプ／
   伸び止めテープ／接着キルト芯 18

3. 厚み 19

§3　糸について

1. 手縫い糸 20
2. ミシン糸 20
3. しつけ糸 20

第 2 章 道具図鑑

1. 型紙作り・印つけ 21

2. 裁つ・切る 22

3. とめる 23

4. 縫う（手縫い）...... 24

5. 縫う（ミシン）...... 25

6. その他 25

第 3 章 作業

§1 地直し

1. 水通し
   綿・麻・混紡／ウール 26

2. 布目を正す
   平織りの布／綾織りの布・ニット地 26

§2 型紙を作る

1. 洋服
   手芸書の型紙を使う／市販の縫い代つき型紙を使う 27

2. バッグや小物
   型紙があるとき／型紙がないとき 28

§3 裁断

1. 裁断の流れ
   図の見方／覚えておきたいパーツの名称／
   作業の手順 29

2. 型紙を配置するときの注意点
   柄が一方向の布／柄合わせが必要な布／
   毛並みに方向のある布 30

3. 布を裁つ
   型紙を配置する／裁つ／
   ロータリーカッターを使う場合 31

contents

第3章　作業

§4　印つけ
1. 洋服の場合 32
2. 小物の場合
   複写紙を使う場合／
   複写紙を使わない場合 33
3. 直裁ちの場合 33
4. 切りじつけ 34

§5　接着芯を貼る
1. 縫い代まで貼る場合 36
2. 縫い代まで貼らない場合 37

§6　縫い始める前に
1. まち針を打つ
   正しいまち針の打ち方／まち針を打つ向き 38
   まち針を打つ順序／まち針を打てない布 39
2. しつけをかける
   しつけ糸の扱い方／しつけのかけ方 40

§7　手縫い
1. 針に糸を通す
   糸の切り方／糸の長さ／
   糸通しの使い方 42
2. 1本どりと2本どり 42
3. 玉結びと玉どめ
   玉結び 43
   玉どめ 44
4. 基本の縫い方
   針の持ち方 44
   縫う 45
   まつる 46
   とじる 47
5. ボタンつけ
   二つ穴ボタン 47
   四つ穴ボタン／力ボタン／足つきボタン 48
   スナップボタン／カギホック 49

§8 ミシン縫い

1. ミシンと仲良くなりましょう
   ミシン各部の名称 50
   私のミシンでできる縫い方は？／
   糸調子をととのえる／針目の大きさ 51
   布に適した糸と針／
   糸の色の選び方／試し縫い 52

2. 基本の縫い方
   直線を縫う／縫ったらアイロン 53
   角を縫う 54
   細いものを縫う 57
   筒状のものを縫う 59
   曲線を縫う 60
   立体を縫う 63
   タックを寄せる 65
   ギャザーを寄せる 66
   ダーツを縫う 68
   まちを縫う 69

3. ファスナーのつけ方
   ファスナー各部の名称／
   ファスナーの種類／ファスナー押さえ 72
   バッグやポーチなど 73
   スカートなど 74
   コンシールファスナー 76

4. ポケットのつけ方
   シームポケット 78
   パッチポケット 80

5. 布端の始末
   二つ折り縫い 81
   三つ折り縫い 82
   布端にミシン／折り伏せ縫い 83
   割り伏せ縫い／袋縫い 84

6. バイアス布を使った布端の始末
   バイアスに裁つ／市販のバイアステープ 85
   バイアステープを作る／見返し縫い 86
   縁どり縫い（端ミシン）...... 87
   縁どり縫い（落としミシン）...... 88
   縁どり縫い（端ミシン・内カーブ）...... 89
   縁どり縫い（端ミシン・外カーブ）...... 90
   厚手の布や、キルト芯をはさんでいる場合／
   ぐるりと一周縁どりをする場合 91

索引 92

巻末付録　洗濯表示の見方 95

pre-making

何を作る？　何がかんたんで、何が難しい？

何かを作ろうと思っても、自分がどれなら作れるのかすらわからないかもしれません。
作り始めたものの難しくて挫折、ということがないよう、難易度の見極めポイントをご紹介します。

Easy! かんたんpoint　　Extra!! ひと手間point　　Difficult!!! 難関point

【洋服を作りたい】

【バッグを作りたい】

pre-making

完成までの流れを知ろう

用意するものから作り方まで、必要な作業をシミュレーションしてみましょう。

【作るものは決まりましたか？】

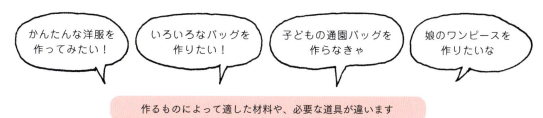

- かんたんな洋服を作ってみたい！
- いろいろなバッグを作りたい！
- 子どもの通園バッグを作らなきゃ
- 娘のワンピースを作りたいな

作るものによって適した材料や、必要な道具が違います

【必要なものをそろえましょう】 材料図鑑 p.10～、道具図鑑 p.21～

A Group： 布　針　糸　はさみ　定規　など
絶対に必要なものグループ

B Group： 接着芯　ボタン　しつけ糸　ファスナー　ミシン　ロータリーカッター・カッティングマット　など
作るものによって必要なもの・あると便利なものグループ

【こんな手順で作ります】 作品によっては省けるプロセスもあります

地直し → 型紙作り → 裁断 → 印つけ → 接着芯を貼る → 縫製

p.26　p.27～　p.29～　p.32～　p.36～　p.38～
手縫い p.42～
ミシン p.50～

用語を知ろう

洋服やバッグなどのパーツの名前は、ハンドメイドをしない人には耳慣れないものが多いかもしれません。
ここに出てくるパーツの名前を知っておくだけでも作業がスムーズに進みます。

【 洋服のパーツの名称 】

● ワンピース

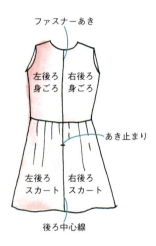

サイズの見方

● シャツ・ブラウス

第1章 材料図鑑

§1 布について

手芸屋さんで多くの布が並んでいるのを見ると、わくわくしませんか？
かわいい！この布を使いたい！　そんな思いが膨らむ一方で、どんな布を選べばいいかわからない、慣れていない私でも縫える？という不安もあると思います。
そこではじめて縫う方でも、知っておきたい布の知識と種類をご紹介します。

1. 布の分類

布は大きく「天然繊維」「化学繊維」「混紡」の3つに分けられます。

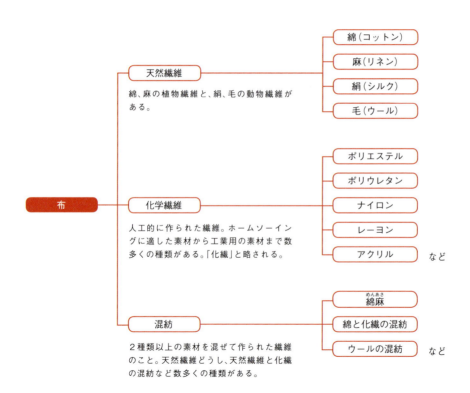

天然繊維
綿、麻の植物繊維と、絹、毛の動物繊維がある。
- 綿（コットン）
- 麻（リネン）
- 絹（シルク）
- 毛（ウール）

化学繊維
人工的に作られた繊維。ホームソーイングに適した素材から工業用の素材まで数多くの種類がある。「化繊」と略される。
- ポリエステル
- ポリウレタン
- ナイロン
- レーヨン
- アクリル　など

混紡
2種類以上の素材を混ぜて作られた繊維のこと。天然繊維どうし、天然繊維と化繊の混紡など数多くの種類がある。
- 綿麻（めんあさ）
- 綿と化繊の混紡
- ウールの混紡　など

2. 素材

天然繊維

綿(薄地)

○ ローン

細い糸を用いた平織りの布。繊細な雰囲気がある。春夏のブラウス、ワンピースに向いている。

○ ガーゼ

甘撚りの糸を用いた平織りの布。吸水性がある。二重にした「ダブルガーゼ」もある。

○ リップル

表面がデコボコする加工をほどこした薄手の布。子ども向けの甚平や浴衣によく使われる。

綿(普通地)

○ シーチング

シーツに使われたのが名の由来で、もとは仮縫い用の生成りの布。最近は色数も豊富。

○ ブロード

シーチングよりやや光沢のある平織り木綿。色数が豊富。

○ ダンガリー

経糸に晒し糸、緯糸に色糸を使った、デニムに似た、デニムよりも薄手の布。

○ シャンブレー

ダンガリーとは逆で、経糸に色糸、緯糸に晒し糸を使った、平織り木綿。

○ ネル

表面に若干の毛羽があるやわらかい布。パジャマやシャツによく使われる。

材料図鑑 布

1. 布の分類
2. 素材

布の名前

同じ布でも違う呼び方をすることがあります。ブロードはアメリカでの呼称で、イギリスでは「ポプリン」。ネルは正確には「フランネル」といいますが、綿のフランネルを「ネル」、ウールのネルは「フラノ」と呼ばれます。

綿（厚地）

○ 帆布

薄い

厚い

キャンバスともいう。厚手で丈夫な平織り木綿。厚いものはヨットの帆やテント、体操のマットなどに使われる。ハンドメイドには#8〜#11を用いるのが一般的。

帆布の厚みと用途

厚み	号数(#)	用途
厚 ↑ ↓ 薄	1〜7	体操のマット、船具、馬具などに使われる。家庭用のミシンで縫うことは難しく、ハンドメイドには不向き。
	8	インテリア、トートバッグなど
	9	バッグ、リュックなど
	10	バッグ、エプロンなど
	11	バッグなど

○ オックスフォード

平織り（斜子織り）の木綿。しわになりにくく、シャツなどによく使われる。

○ コーデュロイ

畝の入った厚手の布で「コール天」とも。綿が一般的だが、化繊もある。畝の太さもいろいろ。

○ カツラギ

太糸で織った綾織りの布で、デニムとよく似た風合い。ホワイトデニム、カラーデニムとしても使われる。

○ デニム

経糸にインディゴ染めの色糸、経糸に晒し糸を使った厚手の綾織り木綿。ストレッチデニムはポリウレタンとの混紡。

オンス

厚みは「オンス」という単位で表されます。オンスは元は重さを表す単位で、一般的なジーンズは14オンスのデニム生地。数字が小さくなるほど軽く（薄く）なります。

材料図鑑 🔘 布

麻

○ リネン（亜麻）

手芸用の麻には大麻・亜麻・苧麻などがあるが、一般的に使われているのは亜麻。吸水性や清涼感にすぐれている。

毛

○ ツイード

厚手の毛織物の総称。防寒性にすぐれるので、コートやジャケットなどに用いられることが多い。

○ フラノ

やわらかな手触りで目の細かい綾織りの布。背広やズボンに使われることが多い。ツイードよりは薄手。

化繊繊維

○ ポリエステル
あらゆる衣料品に取り入れられている汎用性に富んだ素材。速乾性にすぐれしわになりにくく、綿やウールとの混紡も多い。現在は糸もポリエステル製がほとんど。

○ ポリウレタン
伸縮性のある素材で、水着をはじめとするスポーツウエアや合皮にも使われる。他の繊維に数パーセント混ぜてストレッチ素材が作られる。

○ ナイロン
軽くて伸縮性、弾力性に富んだ素材。丈夫で破れにくく撥水性もあるので、アウトドア用のウエアにも適している。ストッキングの素材としても有名。

○ レーヨン
なめらかで光沢のある、絹に似た素材。裏地や下着にも使われる。水に弱いので洗濯には注意が必要。

○ アクリル
ウールに似た素材で保温性が高い。そのためニット製品や毛布などにもよく使われる。ウールとの混紡も多い。

混紡

○ 綿麻
綿と麻との混紡でハーフリネン、コットンリネンとも呼ばれる。混紡の比率で質感が変わってくる。色柄ともに豊富でハンドメイドにもよく使われる。

○ 綿と化繊の混紡
綿×ポリエステルが多いが、複数の化繊と綿の混紡もある。「T/Cブロード」という表示で売られている布はテトロン（＝ポリエステル）とコットンの混紡のこと。

○ ウールの混紡
「ウール」として販売されている布も、ウール100％よりは化繊が混ざっているものが多い。

※このほか化繊どうしなど、多種多様の混紡がある。

加工布

○ キルティング

2枚の布の間にキルト芯や綿などをはさんで、格子状に縫い押さえたもの。保温性がある。

○ ラミネート加工

布にラミネートフィルムを貼って加工した、撥水性がある布。写真はつやありタイプだが、つやなしタイプもある。

○ ワッシャー加工

あらかじめ専用の機械で水洗いをし、自然なしわをつける加工をした布。

初心者には扱いが難しい布

○ ボア

冬物の衣類やバッグなどに使われるが、布端から細かい繊維がポロポロと舞うので縫いにくい。

○ ファー

毛足が長いので、毛を縫い込んでしまいがち。毛をカットしないよう裁断にも注意が必要。

○ オーガンジー

特に薄くて透ける生地なので、ミシンの扱いに慣れてから使うのがおすすめ。

○ ベロア

毛並みのある布なので、縫いずれが起きやすい。

○ サテン

生地に張りがなく滑りやすいのでミシンが進みにくい。キズもつきやすいので注意が必要。

○ ニット地

布端が丸まってしまうので裁断、縫製が難しい。縫う際はニット用の糸と針を使う。

3. 織り地と編み地

織り地は「布帛（ふはく）」ともいい、11～13ページで掲載した布は織り地です。
編み地（ニット地）は糸を編んで布地にしたもので、ニット用の針と糸を使います。

平織り

経糸と緯糸を1本ずつ互い違いに織った布。ブロード、シーチング、ローン、帆布など。

綾織り

デニム、ツイードなど、経糸が2本もしくは3本通ったあとに緯糸を1本通して織った布。織り目が斜めに表れる。

ニット地

メリヤス編みの天竺（てんじく）、ゴム編みのスムースやフライスなどがある。「輪」の状態で販売されているものも。

4. 染め

先に繊維を染めてから織られた「先染め（さきぞめ）」と、布になった状態から染める「後染め（あとぞめ）」があります。

先染め

繊維を染色してから織った布。無地、チェック、ストライプなどが代表的。

後染め

（表）

（裏）

布を織ってから染色したもので、さまざまな色や模様に染められる。写真のように布の表と裏がはっきりと区別できる。プリント地はここに含まれる。

布選びの注意点

- 毛並みに向きがある布や柄に向きがある布は、裁ち方に注意が必要です（→p.30）。
- 布はそれぞれ伸縮率が違うので、違う布を縫い合わせるときには同じサイズに裁っても縫いずれが起きることがあります。特に布目方向が異なったり、厚みの違ったりする布を縫い合わせるときは気をつけましょう（→p.56）。

5. 柄　布には古くから決まった名前で親しまれている柄があります。

○ ギンガムチェック

白ともう1色の糸で織られたチェック柄のこと。

○ ストライプ

縦じま模様のこと。しまの幅や描かれる線の太さの違いによって、さまざまな種類がある。

○ ボーダー

横じま模様のこと。

○ マドラスチェック

多色で織られた比較的大きなチェック柄。インドのマドラス地方が発祥。

○ タータンチェック

多色使いの綾織りのチェック柄。スコットランドが発祥。

○ グレンチェック

数種類の小さなチェックを規則的に配置してできた大きなチェック柄。

○ 千鳥格子

一つひとつの小さな格子が、千鳥が飛んでいる様子だということから名付けられたチェック柄。

○ ヘリンボーン

杉綾(すぎあや)模様。「ニシンの骨」の意で、織り目がその形に似ていることから名付けられた。

6. 布について知っておきたいこと　作る上で、知っておきたい布の知識をまとめました。

布幅

シングル幅
約90〜92cm幅
ブロードやシルクなど
ヤール幅ともいう

普通幅
約110cm幅
綿のプリント地、オックスフォード、化学繊維など

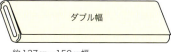
ダブル幅
約137cm〜150cm幅
ウールなど

布は主に「シングル幅」「普通幅」「ダブル幅」の3つの幅で売られている。布幅によって必要な布の長さ（用尺）が変わるので、購入するときは布幅の確認を。お店では筒状や、布幅を半分に折って板状のものに巻かれた状態で売られている。

布の耳

布幅の両端にある、ほつれない部分のこと。そこだけ色が違ったり、メーカー名が印刷されていたりすることも。

表裏の見分け方

耳に文字が書いてある面が表。文字がない場合は、耳に開いた小さな穴で見分ける。穴が出っぱっているほう（円写真）が表。見分けられないときはどちらを表にしてもよいが、一つの作品では表になる面を統一する。例えば身ごろとそでで表にする面が違うと、微妙に光沢が異なってしまう。

布目

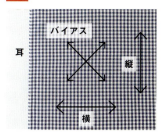

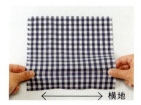

布の織り目の方向を「布目」といい、耳に平行なのが「縦地」、垂直なのが「横地」、斜め45度方向は「バイアス」と呼ぶ。布目は「地の目」ともいう。縦方向は布が伸びにくく、横方向は縦方向よりは伸びる。耳がない部分の布の布目は上の写真のように布を少し引っ張ると見分けられる。バイアスは布がもっとも伸びる方向。製図や型紙には、縦地に平行に布目線（↕）が書かれている。

§2 接着芯について

接着芯は家庭科の授業でほとんど使われないので、はじめてその存在を知るかもしれません。
でも作品の仕上がりをワンランクアップさせるために、接着芯を適切に使うことはとても大切。
種類や役割をしっかりマスターしましょう。

1. 接着芯とは

片面に接着剤が塗布されている芯地で、アイロンで布に貼ります。
接着芯を貼ることで布に張りを持たせたり、型崩れを防止したりすることができます。貼り方は36ページ参照。

貼る場所

※貼る場所はデザインや素材によって異なる。

接着芯の仕組み

熱を加えることで接着芯の裏に塗布された接着剤が溶けて布に貼りつく仕組み。接着剤のついた面(裏)は写真のようにテカテカしている。

洋服では、えり、前立て、見返し、そで口などに貼ることで、布の補強や伸び止めになる。ファスナーやポケット口の縫い代など、細い部分にはテープ状の「伸び止めテープ」が便利。バッグなどの小物は、接着芯を貼ることで薄地の布にも張りを持たせることができ、持ち手に貼れば「よれ」の防止になる。

2. 種類

素材は不織布・織り地の2タイプ。加えて細いテープ状にしたもの、キルト芯に接着剤を塗布した接着キルト芯もあるので、アイテムによって使い分けましょう。

不織布タイプ

初心者にも扱いやすい。バッグやポーチなどの小物向きで、厚みも各種そろっている。頻繁に洗濯をするものには向かない。

織り地タイプ

布目があり、表布と布目を合わせて使う。厚みも各種ある。伸縮性のあるタイプの芯は、ドレープを出したい薄手の作品やニット地に使うとよい。

伸び止めテープ

接着芯をあらかじめ1cmほどの幅のテープ状に切ったもの。ファスナーつけ位置やポケット口などに貼る。

接着キルト芯

キルト芯に接着剤を塗布したもので、ふんわりとした張りをもたせることができる。バッグやポーチなどによく使われる。

材料図鑑 接着芯

3. 厚み　ごく薄手のものから、ハードタイプのものまで各種そろっている。
薄手のものは、張りを出すよりも型崩れの防止やシルエットをきれいに出す目的で使われることが多い。
ハードタイプのものは洋服には不向きで、バッグや帽子などによく使われる。

1. 接着芯とは
2. 種類
3. 厚み

薄 ← → 厚

接着芯でどれだけ違いがでる？

● 薄手

● 厚手

● 特厚

接着芯の厚みの違いがわかるよう、同じ形のバッグに厚さの違う3種類の接着芯を貼ったものが上の3点。薄手のものはくったりしているが、バッグインバッグなどにして持ち歩きやすいのはメリット。特厚タイプを使ったものは、しっかりと自立する。用途に合わせて接着芯を使いこなせると、より幅広い作品作りを楽しめる。

§3 糸について

見た目が同じだからと、糸を用途に合わせて使い分けていない方はいませんか?
手縫い糸とミシン糸では撚りの方向も違い、布に合わせた太さの糸を使うことは、
きれいに丈夫に仕上げるための大切なポイントです。

1. 手縫い糸

手縫い糸は縫うときに糸のよじれが少ないよう右撚り(＝S撚り)になっています。
太さは番手と呼ばれる数字で表され、番手が小さいほうが太い糸。
ボタンつけには少し太めの専用糸を使うとしっかりつけられます。

2. ミシン糸

ミシン糸はミシンで縫うとき糸が切れにくい左撚り(＝Z撚り)になっています。
一般的には薄地用(＝#90)、普通地用(＝#60)、厚地用(＝#30)の3種類を布によって使い分けますが、
ニット地には専用のミシン糸を使います。

3. しつけ糸

しつけをかけるときに使う専用の甘撚りの糸。
未晒しのしつけ糸を「しろも」、色のついているものを「いろも」と呼びます。通常のしつけには「しろも」を使います。

※この本では、しつけ糸が見やすい
　よう「いろも」を使っています。

| 材料図鑑 🔘 糸 |
| 道具図鑑 🌸 |

第2章 道具図鑑 🌸

1. 型紙作り・印つけ
型紙を作るときや布に印をつけるときに必要なものです。

必要なもの

ハトロン紙　チャコライナー　チャコペン　シャープペンシルタイプ　複写紙　ルレット　方眼定規

ハトロン紙 — 実物大型紙を写すとき、自分で型紙を作るときなどに使う。

チャコライナーは、ペンのように線が引ける粉チャコ。粉はカートリッジでつけ替えられる。ペンは水で消えるタイプと時間が経つと消えるタイプとがある。シャープペンシルタイプは、筆記用具よりもやわらかい芯で、布に細い線を引きやすい。

複写紙 — 両面と片面タイプとがあり、刺しゅうなど図案を写すときには片面タイプを使う。各色あるので、布に合わせて見やすい色を選ぶ。

ルレット — 複写紙を使って布に型紙の線を写すときに使う。歯車の先が丸くなっているタイプを選ぶと、布や作業台を傷つけない。

方眼定規／メジャー — 布や型紙を測ったり、印をつけたりするときに使い、垂直・平行線を簡単に引ける方眼定規がよい。長短両方あると作業がスムーズ。メジャーは、採寸や曲線部分の長さを測るのに使う。

1. 手縫い糸　2. ミシン糸　3. しつけ糸 ／ 1. 型紙作り・印つけ

あると便利なもの

工作用紙 — 実物大型紙のないバッグや小物も、方眼線の入った工作用紙で型紙を作れば印をつけやすい。

ウエイト — 重し。型紙をハトロン紙に写すときにあると便利。洋裁専用のものでなくてもかまわない。

メジャー

2. 裁つ・切る

よく切れるはさみを使うことと、切るものに応じてはさみを使い分けることが大切です。

必要なもの

裁ちばさみ

布専用のものを用意する。長さは24cmが一般的だが、手の大きさに合わせて、使いやすく、持ちやすいものを選ぶとよい。

小ばさみ

○ 糸切りばさみ

○ 手芸用ばさみ

糸始末をしたり、テープやレースなど小さなものを切ったりするときのために、小さいはさみを用意する。手芸用のはさみは刃先がとがっているので、糸切りはもちろん、細かいパーツのカットに便利。

あると便利なもの

ロータリーカッター

丸い刃を回転させてスピーディーに布を裁てる。布を持ち上げないので、より正確な裁断が可能。使用にはカッティング定規とマットが必要。また、替え刃を用意し、切れ味が悪くなったら交換する。

カッティング定規

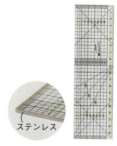

片側のエッジにステンレスの板がついているので、ロータリーカッターの刃で定規を傷めない。

カッティングマット

ロータリーカッターを使うとき、布の下に敷く。どんな作品にも対応できる大きなサイズが使いやすい。

3. とめる

型紙を布にとめる、布と布をとめるために使うのがまち針。
加えて最近はクリップタイプのものもよく使われるようになってきました。

必要なもの

まち針

縫うためではなくとめるための針。針が布の中に入り込まないよう、頭に玉などがついている。写真は玉が耐熱ガラスなので、アイロンをかけられる。まずはこのタイプのまち針を用意するとよい。

あると便利なもの

シルクピン

虫ピンのように、頭が小さいタイプ。型紙を布にとめるときに使う。

厚地用まち針

帆布やデニムのような厚地は、細いまち針だと曲がってしまうこともあるので、厚地用を使う。写真のようにプラスチックの頭がついているまち針は「セルまち針」という。

> **曲がった針は処分しましょう**
>
> 針は気をつけていても、曲がったり折れたりしてしまうことがあります。使えなくなった針はふたつきのビンなどに入れてまとめておき、自治体のルールに従って処分しましょう。
>
>

仮どめクリップ

厚地用のまち針でもとめづらい場合は、クリップが使いやすい。ラミネート加工布やナイロンなど、まち針を打つと穴があいてしまう素材にも便利。

仮どめボンド

厚地でまち針が打ちづらく、クリップもとめられない場合に便利なのが仮どめボンド。ファスナーと布の仮どめにも便利。

 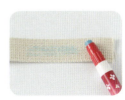

塗ったところに色がつく。ミシン針が通る場所を避けて塗るのが無難。

4. 縫う（手縫い） 手縫いをするときはもちろん、ミシンで作るときでも手縫い用の針は必要です。

必要なもの

手縫い針

※針は実物大

厚地用（短）（長）　薄地用（短）（長）　ニット地用

長さや太さが数種類取り合わせになっているものが便利。布地の厚みと使いやすい長さとで選ぶとよい。ニット地用は針先が少し丸くなっているので、布を傷めずに縫える。

> **針の種類**
> 手縫い針以外にも、針には「刺しゅう針」「キルティング針」「縫いぐるみ針」「ふとん針」「ニット用とじ針」などさまざまな針があります。用途に合わせて作られた針をうまく使い分けましょう。

ピンクッション（針山）

縫い針、まち針をすぐに使えるよう刺しておくためのクッション。

縫い針はピンクッションの中にもぐり込んでしまいがち。写真のように糸を通したまま刺しておくとよい。

あると便利なもの

指ぬき

縫うときに指を傷めないよう、利き手の中指にはめる。

糸通し

縫い針に糸を通すときに使う。右はワンタッチで針に糸が通る便利グッズ。

> **ソーイング用品以外で使う物**
> ソーイング専用のものでなくても、ハンドメイドをする際に必要なものがあります。代表的なものは以下のものです。
> ● アイロン、アイロン台、霧吹き
> ● 鉛筆またはシャープペンシル、消しゴム
> ● 工作用のはさみ

5. 縫う（ミシン）

ミシンを使いこなせれば、作れるものがグンと増え、作品作りもスピーディーに進みます。

必要なもの

ミシン

自分がミシンで何をしたいのか（直線縫いとジグザグ縫いができればよいか、ミシン刺しゅうも楽しみたいかなど）を考え、必要な機能が備わったものを選ぶ。

ミシン針

| #9 薄地用 | #11 普通地用 | #14 普通〜厚地用 | #16 厚地用 | #16 デニム、帆布用 | #11 ニット地用 |

布の厚みに合わせて針を選ぶ。針の番手は数字が小さいほど細く、薄い布用。

ボビン

ミシンの下糸を巻いておくための糸巻き。

あると便利なもの

ロックミシン

3〜4本の糸で布端をかがるミシン。家庭用ミシンのジグザグ縫い、裁ち目かがりでも代用可。

6. その他

作業のはじめから終わりまで、あらゆる場面で使うもの、特定の作業をするときに使うものをまとめました。

必要なもの

目打ち

先がとがった用具で、ミシンで縫う際に布を押さえたり、縫い目をほどいたりするのに使う。

あると便利なもの

アイロン定規

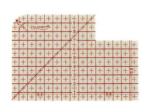

布端を一定幅で折るときに使うと便利（→p.81）。

ひも通し

ひもやゴムを通すときに使う。安全ピンで代用できる。

リッパー

縫い目をほどいたり、ボタンホールを開けたりするときに使う。

第3章 作業

§1 地直(じなお)し

布は洗濯で縮んだり歪んだりすることも。それを避けるために最初に布目を整えておく作業が地直しで、「地のし」「地の目を通す」ともいいます。アイロンがかけられない布は地直しはしません。
家で洗濯する素材はまず水通しをし、布目を正します。

1. 水通し

最初に布に水を含ませておけば、作品になってから洗濯で縮むことを防げます。化繊やラミネートなどの加工布、水につけられないシルクなどは水通しの必要はありません。

綿・麻・混紡

 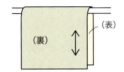

布をじゃばらに折りたたみ、洗面器や洗濯機に水を張って1〜2時間浸ける。その後洗濯機で軽く脱水し陰干しする。

ウール

霧吹きで水を吹いて布を湿らせ、ポリ袋に入れて1〜2時間置く。その後布目に沿って、裏からスチームアイロンをかける。

2. 布目を正す

水通しした布(水通しできない布はそのまま)の、布目の歪みを正します。

平織りの布

1. 布端近くの緯糸(よこいと)を針にかけて、糸端を引き出す。
2. 1で引き出した緯糸を抜く。一気に引くと切れるので、少しずつ引っぱる。

3. 1本緯糸を抜いたところ。
4. 緯糸を抜いたラインが布の縦目と垂直に交わるようにアイロンで整える。

綾織りの布・ニット地

綾織りの布やニット地は、平織りの布のような正し方はできないので、水通しをしたあとはアイロンをかけてしわや歪みをなくす。

教えて よう子先生

Q. 地直しすると、模様のラインが曲がってしまいます。

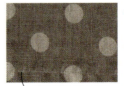

A. 織り目に沿って模様がプリントされていない布地もあります。地直しすると模様が斜めになってしまう布は、模様がまっすぐになることを優先してアイロンをかけましょう。

§2 型紙を作る

直裁ちで作るもの以外は、ほとんどの作品で型紙が必要。
早く作り始めたいときに型紙を作るのはひと手間ですが、
シルエットのきれいなものを作るには欠かせないプロセスです。

作業 ━ 地直し／型紙

1. 水通し　2. 布目を正す　／　1. 洋服

1. 洋服　あらかじめ縫い代をつけた型紙を作る方法を紹介します。

手芸書の型紙を使う

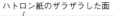

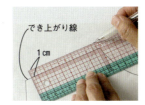

1. パーツが重なっている型紙は、そのまま切って使えないのでハトロン紙に写す。まず作るサイズの線にマーカーを引いて目立たせる。

2. ハトロン紙のザラザラした面を上にし、マーカーを引いた線を鉛筆でなぞる。これができ上がり線になる。

3. でき上がり線が引けたら、指定の縫い代をつけた裁断線を引く。方眼定規を使うとでき上がり線から一定幅の平行線を簡単に引ける。

4. カーブは、定規を少しずつずらしながら裁断線を引く。

5. 裁断線で型紙を切ったところ。布目線、ダーツ、ポケット位置、合印なども写しとる。

縫い代のつけ方に気をつけて！

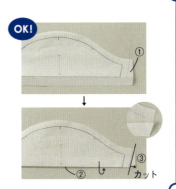

でき上がり線に平行な縫い代をつけると、縫い代が足りなくなる場合があります（上円写真）。こういうパーツ（写真はそで）は、①そで下のみ型紙に余裕をもたせておく。②そで口をでき上がり線で折る。③そのままそで下の縫い代をつけて裁断線で切る、という手順で型紙を作ります。

市販の縫い代つき型紙を使う

パーツが重なっていない市販の縫い代つきの型紙は、作るサイズの裁断線でカットし、そのまま使う。

2. バッグや小物

直線裁ちでできるものは型紙がついていないことも多いのですが、型紙を作ったほうが作業がスムーズです。

型紙があるとき

27ページの1・2と同様に型紙をハトロン紙に写して、でき上がり線で切る。

小さいものは、写した紙を厚紙に貼って型紙にしても。型紙は縫い代をつけず、印つけのときに指定の縫い代をとる。

左右対称のパーツなら型紙は半分の形で作ればよい。「わ」の位置で型紙をパタンと裏返すと全形の印つけができる。

型紙がないとき

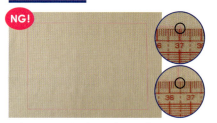
四角いパーツでも、布に正確な長い線を引くのは難しい。方眼定規を使っても、写真のように長さが違ってしまうことも。

大きいパーツはカレンダーなどの直角を利用するとよい。四隅に印をつけて(写真右)、その印どうしを結んで線を引くと、正確な四角形が描ける。

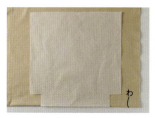
工作用紙を使うと、正確で印もつけやすい型紙ができる。型紙には縫い代はつけず、印つけのときに縫い代をつける。

大きなサイズのバッグなどは半分の大きさで型紙を作るとよい。布も二つ折りにして型紙を置く。

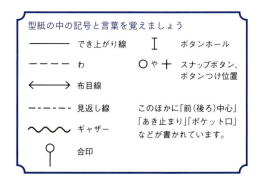

型紙の中の記号と言葉を覚えましょう

────	でき上がり線
── ── ──	わ
←──→	布目線
─ ─ ─ ─	見返し線
～～～	ギャザー
⌾	合印
I	ボタンホール
○や+	スナップボタン、ボタンつけ位置

このほかに「前(後ろ)中心」「あき止まり」「ポケット口」などが書かれています。

§3 裁断

型紙が作れたら、いよいよ布を裁ちます。布は一度切ってしまうと修復できません。間違いがないよう一つひとつの工程を確認しながら、ていねいに作業を進めましょう。

1. 裁断の流れ

やり直しができない工程なので、最初に流れを把握しておきましょう。

図の見方

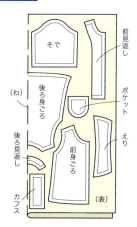

各パーツの配置を表したものを「裁ち方図」「裁ち合わせ図」などと呼ぶ。裁ち方図があるときは、それを参照するとよい。裁ち方図がない場合は、大きいパーツから配置し、小さなパーツを空いたスペースに置くと効率的。また、上図のように差し込み（前身ごろと後ろ身ごろのようにパーツの向きを変えて配置すること）で配置すると、無駄なく布を使うことができる。ただ布によってはこの置き方ができないので気をつける（→p.30）。小物は、洋服に比べて臨機応変に配置できるので、手芸書には裁ち方が載っていないことが多い。布の大きさに合わせて、必要なパーツを効率よく配置する。

覚えておきたいパーツの名称

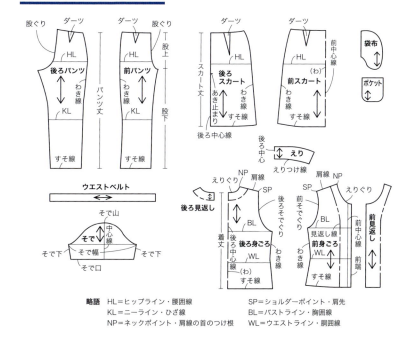

略語
HL＝ヒップライン・腰囲線
KL＝ニーライン・ひざ線
NP＝ネックポイント・肩線の首のつけ根
SP＝ショルダーポイント・肩先
BL＝バストライン・胸囲線
WL＝ウエストライン・胴囲線

作業の手順

○ 型紙を配置する
布に型紙を置いて、まち針でとめる（→p.31）。

→

○ 布を裁つ
裁ちばさみやロータリーカッターで裁つ（→p.31）。接着芯を貼るパーツは、その部分を先に粗裁ちし、接着芯を貼ってから裁つ（→p.36）。

→

○ 印をつける
でき上がり線をはじめ、ダーツ、ポケットつけ位置、合印など必要な印をつける（→p.32）。

2. 型紙を配置するときの注意点

無駄なく裁つのが望ましいのですが、布によっては注意が必要な点がいくつかあります。柄が一方向の布、柄合わせが必要な布は、指定の用尺よりも多く用意しましょう。

柄が一方向の布

前後で模様が逆！

柄の向きが一定の布は、各パーツの向きをそろえて型紙を配置する。29ページのように差し込みにはできない。バッグも底を「わ」にすると、一方は柄が逆を向いてしまうので、2枚に分けて裁つ必要がある。

柄合わせが必要な布

はぐ位置をそろえないとずれる！

大きいチェックは、はぎ合わせる部分の柄がずれないように型紙を配置する。チェックだけでなく大きな規則的な柄は、柄がずれないように注意する。

毛並みに方向のある布

光沢が変わってしまう！

コーデュロイやベロアのように毛並みに方向のある布も気をつける。布の表面を上から下になでて、逆毛が立てば正解の向き。逆向きだと右の写真のように白っぽい感じになるので、このような布も差し込みではなく同じ向きで裁つ。

教えて よう子先生

Q. 型紙の見方がわかりません。パーツが折れたり、切り離されたりしている型紙は、どう見るのですか？

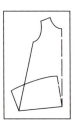 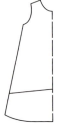 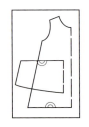 

A. 紙の大きさに型紙が収まらない場合、このように表記されることがあります。左の場合は、折られた部分の型紙を作り、裏返して貼り合わせればOK。

切り離されて表記されている場合は、切り離された部分の型紙を作り、合印をつなぐように貼り合わせます。

3. 布を裁つ　これまでの注意点を参照して型紙を配置し、裁っていきましょう。

型紙を配置する

外表に折った布に型紙を配置してまち針でとめる。切りじつけ（→p.34）で印をつける場合は、中表に折る。

2. 各パーツ（接着芯を貼るパーツを除く）が裁てたところ。まだ型紙は、はずさない。

裁つ

作業台につける

1. 裁ちばさみは必ず下刃を作業台につけたまま、型紙に沿って裁ち進める。

接着芯を貼るパーツは、余裕を持ってその部分を粗裁ちし、接着芯を貼ってから裁つ（→p.36）。

布を持ち上げて裁つのは、ずれてしまうのでNG。

ロータリーカッターを使う場合

1. 型紙の上に定規を当てるので、まち針はシルクピンやセルタイプのものが安定する。

垂直

2. 型紙の端に沿ってカッティング定規を置き、カッターを垂直に当てて刃を回す。刃が斜めになるのはNG（円写真）。

3. カーブの部分は型紙に沿うように、ゆっくり刃を回す。

§4 印つけ

でき上がり線や合印を布に写します。この本では慣れない方でも縫いやすいよう、布にでき上がり線を引いて縫い進める方法で解説します。

1. 洋服の場合

裁断した布に、複写紙を使ってでき上がり線や合印をつけます。

1. 複写紙は使いやすい大きさに切る。

2. カッティングマットの上に布を置き、布の間に複写紙をはさんで(円写真)、でき上がり線をルレットでなぞる。布の裏側にでき上がり線が引ける。

3. ダーツなど細部の線も引く。

4. ポケットは、奥まで複写紙をはさむ。形をすべて写さず、入れ口の角の部分だけ印をつけておけばよい。ポケットを片側だけにつける場合は、片面複写紙を使う。

5. 合印も忘れずにつける(写真左・中左)。合印はでき上がり線の外側(縫い代)に向かってルレットで短く線を引いておく(写真中右)。小さな切り込みを入れてもよい(写真右)。この切り込みのことを「ノッチ」という。

6. 身ごろのえりぐりの中央は小さくV字に切り落として、中央の印にする。

7. 印をつけ終わったら型紙をはずす。

2. 小物の場合
複写紙を使う場合と使わない場合とで、線を引く順序が異なります。

複写紙を使う場合

1. 布を外表に折り、型紙の「わ」を布の折り山に合わせて置き、まち針でとめる。

2. 型紙の外側に指定の縫い代をとって裁断線を引き、裁つ。

3. 布に複写紙をはさみ、32ページと同様にルレットで印をつける。

複写紙を使わない場合

1. 型紙は厚紙で作ると線を引きやすい(→p.28)。厚紙を布の上に置いて、輪郭をなぞる。

2. 上中央など必要な位置に合印をつける。

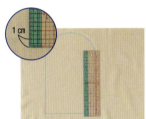

3. 方眼定規を使って指定の縫い代をとり、裁断線を引く。

4. でき上がり線のまわりに1cmの縫い代をとって裁断線を引いたところ。

3. 直裁ちの場合
ひものように長いものやごく小さなパーツなどは、型紙を作らず布に直接線を引くこともあります。

ひものように長いものは、布に直接線を引く。方眼定規を使って均等幅の線を引く。

4. 切りじつけ

柄が多色で混み入っていたり、ウールなど毛羽のある布で印がつけにくい、つけても見えにくい布は「切りじつけ」で印をつけます。

1. 切りじつけの場合は、布を中表に合わせて型紙を配置する。

2. でき上がり線の上を、しつけ糸2本どりで大きな針目で縫う。布は持ち上げずに縫い進める。

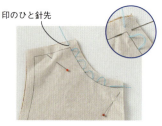

印のひと針先

3. カーブの部分は糸をたるませながら細かめにしつけをかける。角は印のひと針先まで縫って(円写真)、縫い目が十字になるようにする。

4. 複写紙を使ったときと同じように、ダーツやポケットをはじめ、すべて必要なところにしつけをかける。

5. 糸切りばさみで、すべての縫い目の中央をカットする(写真左)。カットし終わったら型紙をはずす(写真右)。このとき、糸が抜けないように気をつける。

6. 布を1枚そっと持ち上げて、2枚の間にわたった糸をすべて切る。

7. 糸端を0.2〜0.3cmに切る

8. 糸端を布になじませるようにアイロンをかける。手のひらで軽くたたいてなじませてもよい。

9. アイロンをかけ終わったところ。このしつけのラインをでき上がり線として縫う。縫い終わったら、毛抜きなどを使ってしつけ糸を抜く。

作業 ━ 印つけ

4. 切りじつけ

Q. テーブルの上で印つけをすると、布が滑ってしまいます。
そのため強く線を引くと、今度は布が引っ張られて線が歪んでしまいます。

教えてよう子先生

硬いテーブル上で線を引くと、布が滑ってしまい線が引きづらい。

そのまま無理に線を引くと写真のようにガタガタした線になってしまう。

A.

力を入れずに線が引けるペンを使いましょう。写真のライナータイプの粉チャコは力を入れずにスーッときれいな線が引けます。また滑り止めにテーブルの上に1枚布を敷くのもおすすめです。

Q. 縫い代つきの型紙を使う場合はでき上がり線は引かない、と聞いたことがあります。引かなくてもいいのですか？

A. でき上がり線を引かなくても、56ページのような方法で縫い合わせることもできます。ただし、慣れないうちはでき上がり線を引いたほうが正確に縫えるでしょう。またカーブどうしや、立体的に縫い合わせる場合もでき上がり線を引くことをおすすめします。

Q. 印つけペンで線を引きましたが、線の内側で裁つか、外側で裁つかで寸法が変わってくる気がするのですが…。

A. 指定のサイズに合っているのは線の外側なのか内側なのか、しっかり測ってから裁ちましょう。線がにじみやすい布は、細いペンを使うのが安心です。

Q. 大きな布を広げるスペースがありません。どこで印つけをすればいいですか？

A. ダイニングテーブルが適していますが、フローリングの床でも。ルレットで印つけをするときは、テーブルや床を傷つけないようにカッティングマットや厚紙の上で作業をしましょう。

§5 接着芯を貼る

接着芯を貼るときに気をつけるのは、ハンカチと同じようなイメージでアイロンをかけないこと。接着剤を溶かして布に圧着させることが目的なので、体重をかけてアイロンを当てましょう。

1. 縫い代まで貼る場合
ここでは31ページで粗裁ちしておいた布に接着芯を貼ります。

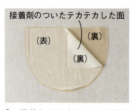

1. 型紙を布につけたまま粗裁ちしたところ。型紙はいったんはずす。

2. 粗裁ちした布よりひと回り小さめに裁った接着芯を布の裏にのせる。

接着芯を布と同じか、少し大きく裁った状態でアイロンをかけると、接着剤がアイロン台について汚れてしまう。布よりひと回り小さめに接着芯を裁つ。

貼る前に、接着芯と布の間にゴミがはさまっていないか確認を。写真のように糸くずがはさまっていることがよくある。

3. 当て布を置く。

4. 中温のドライアイロンをかける。アイロンを滑らせるのではなく、体重をかけて押さえるようにかけること。1カ所につき5〜10秒くらい当てる。少しずつ横にずらして、すき間なく接着させる。

5. 接着芯が貼れたところ。

6. 接着芯を貼った布を、再び1のように外表に二つ折りにする。型紙をとめて(写真左)、布を裁つ(写真右)。

7. でき上がり線の印をつけて、型紙をはずす。

作業 ━━ 接着芯

2. 縫い代まで貼らない場合　バッグなどの小物は、でき上がり線に沿って接着芯を貼る場合が多くあります。

1. 布（写真左）は縫い代をつけて裁ち、接着芯（写真右）は縫い代をつけないで裁つ。

2. でき上がり線に合わせて、接着芯を貼る。貼り方は36ページと同様。

1. 縫い代まで貼る場合
2. 縫い代まで貼らない場合

教えて よう子先生

Q. アイロンをかけられない布には、接着芯は貼れませんか？

A. 熱に弱い素材はアイロン接着タイプの接着芯は避け、シールタイプの接着芯を使いましょう。
その際、針の滑りがよくなるよう専用のシリコン剤を針につけるのがおすすめです。

Q. 布と接着芯それぞれを型紙通りに裁ってから貼るのではダメですか？

A. 同じように裁断しても布と接着芯にずれが生じやすいので、それぞれ粗裁ちした布と接着芯を貼り合わせてから裁ちます。

Q. 縫い代まで貼る場合と、でき上がり線まで貼る場合はどのように使い分けますか？

A. 厚みのある布、硬い布は縫い代まで芯を貼ると縫いづらかったり縫い代がごわついてしまったりします。
このような場合は接着芯はでき上がり線までにするのがおすすめです。

Q. 失敗しても剥がせませんか？

A. 貼った直後ならもう一度アイロンを当てて熱を加えることで、接着剤が溶けて剥がすことができます。
ただし時間が経つと剥がれなくなることがあるので注意しましょう。

§6 縫い始める前に

縫う前に印を合わせてまち針を打ったりする、しつけをかけたりというひと手間は、きれいに縫うために欠かせない工程です。

1. まち針を打つ

まち針の正しいとめ方や打つ向き、順序を覚えましょう。

正しいまち針の打ち方

薄地・普通地

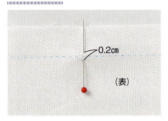
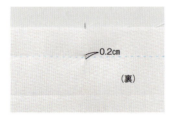

印が合っていることを確認し、でき上がり線を垂直にまたぐように小さく、0.2cmほど布をすくって打つ。

でき上がり線に対し斜めに打ったり、大きく布をすくったりするのは、布がずれがちなのでNG。

厚地

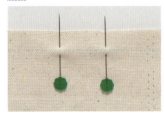

厚地用のまち針を使う。薄地・普通地と同じようにでき上がり線を垂直にまたいで打つが、厚地の場合は薄地より多めにすくう。

厚地に細いまち針を使うと針が曲がってしまうことがある。必ず厚地用のまち針を使う。

まち針を打つ向き

手縫いの場合

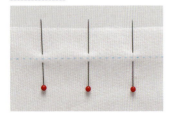

縫い代を上にして横向きに縫う手縫いは、でき上がり線から外側に向かって打つ。

ミシンの場合

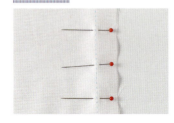

ミシンをかけながらまち針を抜きやすいよう、でき上がり線から内側に向かって打つ。左利きの場合は、でき上がり線から外側に向かって打ってもよい。

作業 ━━ 縫う前に

1. まち針を打つ

まち針を打つ順序

まち針は両端→中央→そのまた中央…の順に打っていく。

まち針を打てない布

ラミネート加工布や合皮は、まち針を打つと穴が開いてしまう。

まち針を打てない場合は、仮どめクリップ(→p.23)を使ってとめる。

厚地でまち針が打ちづらく、クリップも使えないときは、しつけをかける。

教えて よう子先生

Q. バッグやポーチなどをよく作るのですが、まち針を打つことで布がずれてしまいます。

A. キルティングなどの厚い布、帆布などのかたい布は、まち針で布をすくう時点で上の布と下の布がずれてしまいがちです。クリップや仮どめボンドを使うのもおすすめです。

2. しつけをかける
まち針を打っただけとずれてしまう場合や、縫うことに慣れていない場合はしつけをかけましょう。

しつけ糸の扱い方

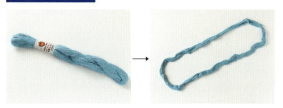

1. 左の写真のような状態で売られているしつけ糸は、ラベルをはずして大きな輪の状態にする（写真右）。

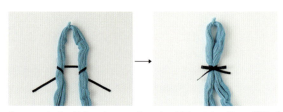

2. 15cmほどの長さにカットしたリボンを図のように巻いて蝶結びをする。

3. 全部で3カ所ほど2のように結ぶ。

4. しつけ糸の輪になった部分の片方をカットする。

5. 輪のほうから糸を1本ずつ引き出して使う。

しつけのかけ方

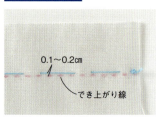

1. 最初は玉結び（→p.43）をし、でき上がり線から0.1〜0.2cm外側を大きな針目で縫う。でき上がり線上を縫うと、ミシン針がしつけ糸も縫ってしまい、あとから抜きにくくなるので、少し外側を縫う。

2. 最後はひと針返し縫いをして縫い終える。玉どめはしない。

Q. 作り方ページに、意味がよくわからない言葉が出てきます。

A. 作り方によく出てくる言葉を挙げました。

粗裁ち（あらだち）・・・・・・・・・・・・・・・ 正確な裁断の前に、縫い代を多めにつけて裁つこと。

粗ミシン（あらミシン）・・・・・・・・・・・・ 大きめのミシン目で縫うこと。ギャザーを寄せたりカーブの縫い代を縮めたりするときに使う。

糸足（いとあし）・・・・・・・・・・・・・・・・・ ボタンをつけるときの、布とボタンの間の糸のこと。布の厚みによって糸足の長さも変わる。

落としミシン・・・・・・・・・・・・・・・ はぎ目の上に表からステッチをかけること。

折り代（しろ）・・・・・・・・・・・・・・・・・ 内側に折り込まれた部分。

返し口・・・・・・・・・・・・・・・・・・・・・・ 2枚の布を中表に合わせて袋状に縫ったとき、表に返すために縫わずに開けておく部分。

囲み製図・・・・・・・・・・・・・・・・・・・・ 指定された数字通りに線を引いて型紙を作ること。

型紙（＝パターン）・・・・・・・・ 服やバッグ、小物などのパーツそのものの形に作られた紙。

原型（げんけい）・・・・・・・・・・・・・・・・・・・ 洋服の型紙を作るときに基本となる型。採寸した寸法をもとに平面に展開（製図）したもの。文化式、ドレメ式などがある。実物大型紙や囲み製図で作った型紙に比べ、より体形に合った服が作れる。

直裁ち（じかだち）・・・・・・・・・・・・・・・ 型紙を使わず、布に直接線を引いて裁つこと。

実物大型紙・・・・・・・・・・・・・・・・ 実物の大きさで作られた型紙。手芸書の付録についているものはパーツが重なって印刷されていることが多いので、ハトロン紙など透ける紙に写す必要がある。

ステッチ（ミシンステッチ）・・ 表からミシン目が見えるミシン縫いのこと。

製図・・・・・・・・・・・・・・・・・・・・・・・ 洋裁においては、型紙を作ること。

外表（そとおもて）・・・・・・・・・・・・・・・・・・・・ 2枚の布の表を外側にして合わせること。

裁ち切り（たちきり）・・・・・・・・・・・・・・・ 縫い代をつけない部分。「縫い代0」「縫い代はつけない」と表記することもある。

裁ち端（たちはし）・・・・・・・・・・・・・・・・ 布を各パーツに裁った布端のこと。

中表（なかおもて）・・・・・・・・・・・・・・・・・・・・ 2枚の布の表を内側にして合わせること。

縫い代（しろ）・・・・・・・・・・・・・・・・・ 縫い合わせるために必要な、でき上がり線から外側の部分。

はぎ目・・・・・・・・・・・・・・・・・・・・・ 中表に縫ったときの縫い目を、表から見たときの呼び方。

端ミシン（コバステッチ）・・・・ 折り山やはぎ目から0.1～0.3cmの位置にステッチをかけること。押さえミシンということも。

ひと針返す・・・・・・・・・・・・・・・・ しつけの最後などに、ひと針分戻って縫うこと。または、縫っている途中で縫い目がずれないよう固定したいときにも使う。

用尺（ようじゃく）・・・・・・・・・・・・・・・・・・ その作品を作るのに必要な布の分量。

わ・・・・・・・・・・・・・・・・・・・・・・・・・ 布を折ったときの折り山のこと。

§7 手縫い

どんなものを作るときも、手縫いをする場面は出てきます。
特に覚えておきたい、よく使うことがらをまとめてご紹介します。

1. 針に糸を通す
糸端の切り方ひとつで、針に糸を通しやすくなります。

糸の切り方

糸端は斜めにカットすると、針に通しやすい。

まっすぐカットすると先端が太くなるので通しにくい。

糸の長さ

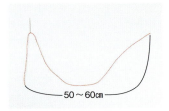

糸は50〜60cmにカットして使う。長い糸は絡まりやすい上、何度も糸が布を通過することで糸が磨耗したりよじれたりしてしまう。

糸通しの使い方

1. 糸通しの先端のひし形の部分を針穴に通す。

2. ひし形部分に糸を通す。

3. そのまま糸通しを抜くと、針穴に糸が通る。

2. 1本どりと2本どり
ほとんどの場合は1本どりで縫いますが、ボタンなど力がかかる場所や厚手の布の場合は2本どりで縫うこともあります。

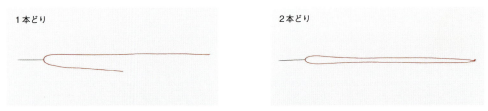

1本どり　　2本どり

針に糸を通して、片方の糸端のみ玉結びをして縫うのが1本どり。両方の糸端をまとめて玉結びをして縫うのが2本どり。

3. 玉結びと玉どめ

糸が布から抜けないよう、糸端に玉を作ります。
縫い始めに作るのが「玉結び」、縫い終わりに作るのが「玉どめ」です。

玉結び

針に巻く方法

1. 長いほうの糸端の上に針を置く。

2. そのまま糸を2回針に巻く。

3. 親指で巻いた糸を押さえ、そのまま針を抜く。

4. 玉結びができたところ。

指に巻く方法

1. 糸端を親指と人さし指でつまむ。

2. 人さし指に糸を1回巻き(写真左)、そのまま人さし指を手前にずらして糸をよじらせる(写真右)。

3. いったん人さし指を離して、よじった部分を糸端側に寄せると玉ができる。

作業 ── 手縫い

1. 針に糸を通す
2. 1本どりと2本どり
3. 玉結びと玉どめ

玉どめ

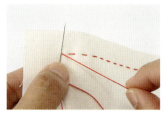

1. 縫い終わった糸のきわに針を置く。

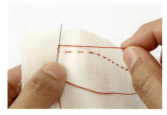

2. 針が動かないようにしっかり押さえ、針に糸を2回巻く。

3. 巻いた部分を親指で押さえる。

4. 押さえたまま、針を抜く。

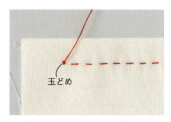

5. 結び目ができたところ。巻いたところをきちんと親指で押さえれば、布に接するところに玉ができる。

4. 基本の縫い方

「縫う」「まつる」「とじる」など針の動かし方によって表現は異なりますが、すべて知っておきたい技法です。

針の持ち方

指ぬきを使う場合は、利き手の中指の第一関節と第二関節の間にはめる。針の頭(針穴が開いているほう)を指ぬきに当てて、中指で針を押すように縫う。

布は両手の親指と人さし指ではさんで持つ。並縫いやぐし縫いは、ひと針ごとに針を出し入れせず、両手の親指と人さし指を交互に上下に動かし、指ぬきをはめた中指で針を押し出しながら縫う。

縫う ※写真は実物大

並縫い 0.3〜0.5cmの針目で縫う、一般的な縫い方。表裏とも同じ縫い目になる。並縫いで縫い進めることを「運針」という。

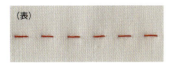（表）
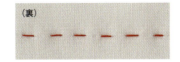（裏）
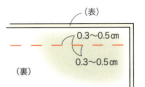

ぐし縫い 並縫いより細かく、0.2cmほどの針目で縫う縫い方。表裏とも同じ縫い目になる。そで山などカーブ部分の縫い代を細かく縫う際に使われる縫い方。

（表）
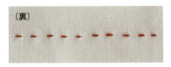（裏）
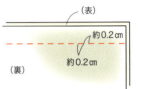

本返し縫い 1針前に戻りながら縫い進める。表側はミシンで縫ったようにすき間のない縫い目になり、裏側は1針戻って2針分進むので縫い目が重なる。

（表）
（裏）
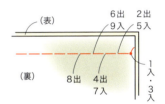

半返し縫い 1/2針分戻りながら縫い進める縫い方。表は並縫いやぐし縫いと同じ見え方になるが、裏側は縫い目が重なる。

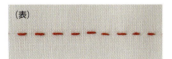（表）
（裏）
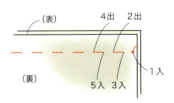

星どめ 半返し縫いと同じ針の運び方だが、表に見える針目をごくわずかにし、間隔を0.5〜1cmほど開けながら縫い進める。縫い代を押さえたいときなどに使われる。

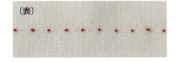（表）
（裏）
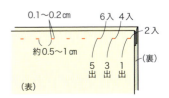

まつる

流しまつり

折り山に斜めに糸がわたるようにまつる方法。スカートやズボンのすそ、ふちどりの裏(p.82)などに使う。表に響かないよう織り糸1〜2本をすくってまつる。

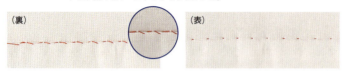

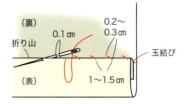

奥まつり

布端をめくって、少し内側に入ったところをすくいながらまつる方法。布端を縁かがりで始末したときのスカートやズボンのすそをまつる。

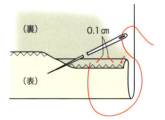

たてまつり

折り山に垂直に糸がわたるようにまつる方法。流しまつりよりもしっかりとまる。

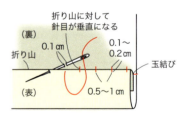

奥たてまつり

まつった糸がなるべく見えないよう、折り山の少し内側をすくいながらまつる方法。アップリケをするときなどに使う。

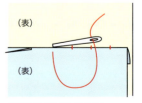

図案の線の内側に針を入れ
折り山から針を出す

とじる

コの字とじ 折り山どうしを突き合わせにして、それぞれの折り山をすくいながらとじていく方法。返し口をとじるときなどに使われ「ラダーステッチ」「はしごまつり」ともいう。

  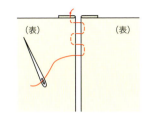

5. ボタンつけ

しっかり縫いつけるためのコツを覚えましょう。
糸はボタンつけ糸なら1本どり、それ以外は2本どりにします。

二つ穴ボタン

 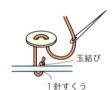 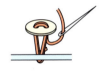 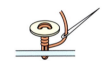

1. 玉結びをして表から針を入れ、ひと針すくってボタン穴に糸を通す。
2. 1と同じ位置に針を入れる。糸足の長さはボタンをとめたときの布の厚み。
3. 2〜3回糸を通す。
4. 糸足に上からすき間なく糸を巻いていく。

5. 4の巻き終わりの糸の輪に、針を通して糸を引きしめる。
6. 針を裏に出す。
7. 玉どめをし、針を表に出す。
8. しっかり引いて布のきわで糸を切る。

四つ穴ボタン　つけ方は47ページの二つ穴ボタンと同じ。

1出 ◯ 2入
3出 ◯ 4入

1出 ◯ 3出
4入 ◯ 2入

4入
6入 ◯ 2入
1出
3出
5出

1出 ◯ 2入
7入 ◯ 4入
6入 ◯ 3入
8入 ◯ 5出

Q. ボタンホールの穴はどうやって開けるのですか？

教えて　**よう子先生**

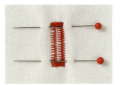

A. まち針とリッパーを使います。穴あけ位置の両端にまち針を打ち（写真上）、手前からリッパーの刃を刺し、そのまま奥に押し込んで布を切ります（写真下）。まち針がストッパーになり、切りすぎを防げます。

力（ちから）ボタン　コートなど厚地の布にボタンをつけるとき、布に負担がかからないように裏側につける小さなボタンのこと。

表　　　裏（力ボタン）　　　カボタン

糸が裏側に渡る際に、力ボタンの穴に通して2つのボタンを同時につける。力ボタン側には糸足は作らない。

足つきボタン

玉結び

1. 糸は2本どり。糸の輪の中に針をくぐらせる。

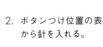

2. ボタンつけ位置の表から針を入れる。

玉どめ

3. ボタン穴に2〜3回糸を通す。

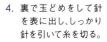

4. 裏で玉どめをして針を表に出し、しっかり針を引いて糸を切る。

スナップボタン

凸側

凹側

先に凸側をつけ、凸部分を押しつけて跡がついたところに凹側をつける。つけ方は凸側・凹側共通。

1. 玉結びを作り、針を表から入れてひと針すくって針を出す。

2. スナップの穴から針を出し、スナップの外側のきわから布をすくって、再び穴から針を出す。

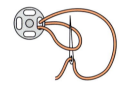

3. 糸の輪に針をくぐらせて引きしめる。

4. 3をくり返し、1つの穴に3回ほど糸を通す。最後はスナップのきわで玉どめを作り、針をスナップの下に通して反対側から出す。

5. 糸を引いて玉どめをスナップの下に入れ、布のきわで糸を切る。

カギホック

フック側

アイ側

1. 玉結びを作り、表から針を入れる。ホックで隠れる位置をひと針すくって針を出す。

2. スナップのつけ方2〜5と同様につける。1つの穴に3〜6回糸を渡す。アイ側も同様につける。

§8 ミシン縫い

スピーディーに縫うことができるミシンは、ソーイングの力強い味方。機種選びが悩ましいところですが、趣味で手作りを楽しむ場合は、家庭用ミシンとして売られているものの中から価格・機能を吟味して選びましょう。

1. ミシンと仲良くなりましょう

ミシンは一度購入したら長くつき合うものです。まずはミシンと仲良くなるために、基本的な機能や使い方を知るところから始めましょう。

ミシン各部の名称

※ミシンによってボタンやダイヤルの位置は異なります。ここに記した機能がついていないなかったり、名称が異なったりすることもあるので、ご注意ください。

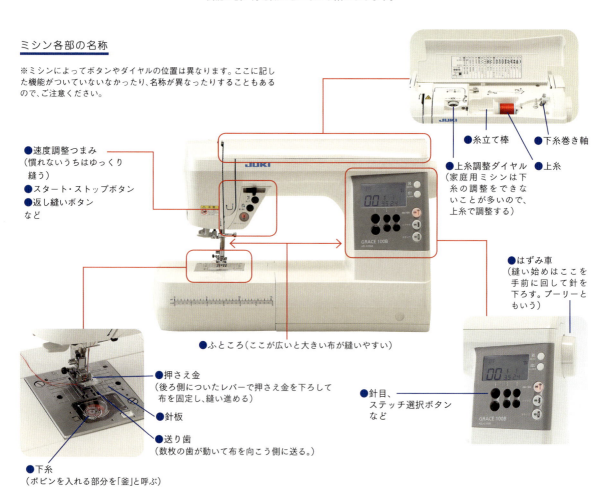

- ●速度調整つまみ
（慣れないうちはゆっくり縫う）
- ●スタート・ストップボタン
- ●返し縫いボタン
など

- ●糸立て棒
- ●下糸巻き軸
- ●上糸調整ダイヤル
（家庭用ミシンは下糸の調整をできないことが多いので、上糸で調整する）
- ●上糸

- ●はずみ車
（縫い始めはここを手前に回して針を下ろす。プーリーともいう）

- ●ふところ（ここが広いと大きい布が縫いやすい）
- ●押さえ金
（後ろ側についたレバーで押さえ金を下ろして布を固定し、縫い進める）
- ●針板
- ●送り歯
（数枚の歯が動いて布を向こう側に送る。）
- ●針目、ステッチ選択ボタンなど
- ●下糸
（ボビンを入れる部分を「釜」と呼ぶ）

作業 ミシン縫い

1. ミシンと仲良くなりましょう

私のミシンでできる縫い方は？

直線縫い

もっとも基本となる縫い方。

返し縫い

縫い始めや終わりに3～4針往復させ、縫い目を補強する。

ジグザグ縫い

針が左右に動きながら進む。飾り縫いや布端の始末に使う。

裁ち目かがり
布端の始末に使われる縫い方。

ボタンホールステッチ

ボタン穴を開けるときに使う縫い方。

糸調子をととのえる
※ミシンは上糸と下糸が布の中間でからみ合うことで縫われるので、2本の糸調子をそろえる必要がある。

適切な糸調子で縫えている状態
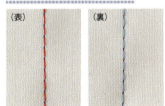
(表) (裏)
表から見ても裏から見ても針目が同じ見え方で、上糸と下糸のバランスが取れている。

上糸が強い
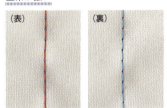
(表) (裏)
表から見たときに下糸が見えているのは上糸が強い状態。上糸の糸調子を弱くする。

上糸が弱い
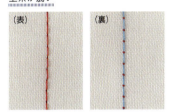
(表) (裏)
裏から見たときに上糸が見えているのは上糸が弱い状態。上糸の調子を強くする。

針目の大きさ

直線縫い
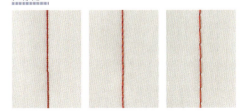
中央が針目2.5mm程度の一般的なミシン目。右はギャザーを寄せるときなどに使う大きな針目。左は針目を微調整したいときに使う、細かい針目。

ジグザグ縫い

ジグザグ縫いは、針目の長さだけでなく幅も調節できる。右の写真のように間隔を詰めて太い線のように縫うこともできる。

布に適した糸と針

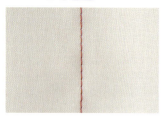

普通地を普通地用の針と糸で縫ったもの。針と糸が適正な関係なので縫い目がきれい。

左は薄地を厚地用の針と糸で縫ったもの。布に対して糸と針が強く、しわが寄ってしまう。右のように薄地用の糸と針を使えばきれいに縫える。

左は帆布を薄地用の針と糸で縫ったもの。布に針目が埋もれて、針が折れたり糸が切れたりしてしまうことも。右は厚地用の針と糸で縫ったもの。

糸の色の選び方

布に合った色の糸を選ぶとき、新品の糸はフィルムで巻かれているので、布との相性の判別が難しい。

手芸店に置いてある糸見本帳(写真左)で、合いそうな糸を布の上に置いて、相性のよい色を選ぶ(写真右)。無地の場合は薄い色の布には少し薄めの色、濃い色の布には少し濃いめの色、柄布の場合はいちばん多く使われている色の糸を選ぶ。

試し縫い

作る前に、端切れ(はぎ)を利用して縦、横、斜め、三つ折り縫いなどを試して、布と糸との関係が適切か確認しておくとよい。

Q. ミシンの針の替えどきは?

A. ミシン針は消耗品です。折れたり曲がったりしたときはもちろんですが、見た目に変化がなくても、縫っているときにプツプツと音がしたり、針先を指の腹で触ったときに引っかかる感じがしたときは替えどきです。手縫い針の場合も引っかかったり、錆びたりしてきたら取り替えましょう。

作業 ✂ ミシン縫い

2. 基本の縫い方

直線、曲線、立体、ギャザー……。
どんなシーンでもきれいに縫えるよう、ミシンを使いこなしましょう。

直線を縫う

1. 押さえ金を上げたまま、でき上がり線の上に針を下ろす。はずみ車を使うと、ちょうどよい位置に針を下ろせる。

2. 押さえ金を下ろし、3〜4目（1cm弱）返し縫いをする。縫い始めと縫い終わりは、特に指示がない限り、必ず返し縫いをする。

3. でき上がり線の上を縫い進める。まち針が送り歯の上にのる前（写真右）に抜く。押さえ金がまち針の上にのると、針目や、まち針が曲がってしまう。

縫ったらアイロン

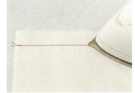
縫い目にかける

縫い代を割る場合

縫い代を倒す場合

4. 返し縫いをして縫い終える。糸は布端でそのままカットする（円写真）。

縫い終わるたびに縫い目にアイロンをかけると、縫い目が落ち着いて整う。

縫い代を左右に開いてアイロンをかける。

縫い代をまとめて片側に倒してアイロンをかける。「片返しにする」「片倒しにする」ともいう。

Q. そもそもまっすぐ縫えません。

A. はじめから終わりまで一気に縫う必要はありません。たくさん縫ってミシンに慣れることが大切ですが、これから縫うラインがちゃんと見えているか、ときどき針を止めて確認し、ゆっくり縫いましょう。

Q. アイロンをかけられない布は？

A. 熱に弱くアイロンがかけられない布や、アイロンがかけづらい場所は、「手アイロン」といって、指先を使って折り目をつけたり縫い目を整えたりします。

教えて よう子先生

1. ミシンと仲良くなりましょう
2. 基本の縫い方

角を縫う

四角いものを縫う　※2枚の四角い布を縫い、表に返して返し口をとじる工程

1. 2枚の布を中表に合わせる。

2. でき上がり線にまち針を打ち、返し口の端から縫い始める。返し縫いをし、角まできたら針を下ろしたまま押さえ金を上げる。

3. 布を90度回転させる。

4. 押さえ金を下ろして縫い始める。残り3つの角も同様に縫う。最後は返し口の手前で返し縫いをして縫い終える。

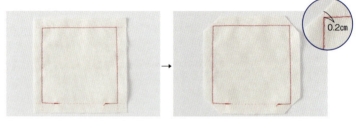

5. このまま表に返すと角の縫い代が重なってすっきりしないので、角を斜めに切り落とす(円写真)。

6. 縫い代を倒してアイロンをかける。アイロンをかけておくことで、表に返したときに、はぎ目がすっきりする。

7. 返し口から表に返す。角に指を入れて(写真左)、親指と人さし指で角をつまみながら表に返す(写真右)。

作業 ミシン縫い

2. 基本の縫い方

8. 表に返したら毛糸用のとじ針などで角を整える。表から角の縫い代をクイッと引き出すようにするときれいに角が出る。先のとがった目打ちは布を傷つけてしまうこともあるので、針先の丸いものを使うのがおすすめ。

9. 表に返し終わったところ。返し口にも再度アイロンをかける。

10. コの字とじ(→p.47)で返し口をとじてでき上がり。

厚手の布を四角く縫うコツ

OK! 斜めに縫う

厚手の布を使う場合は、角を写真のようにひと針斜めに縫うと、表に返したときにきれいな四角になる。

NG!

角を斜めにせずに直角に縫うと、表に返したときに角が飛び出した感じになってしまう。

くぼんだ部分の角

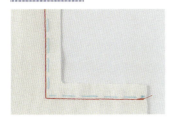  

1. 角の部分は54ページの2、3のように角で押さえを上げて、向きを変えて縫う。

2. 角の縫い目の0.1cm手前まで斜めに切り込みを入れる。

3. 表に返したところ。切り込みを入れないと縫い代がつれて、きれいに返せない。

Q. 同じ寸法に裁っても、縫うとずれてしまいます。

ずれている

A. 布によって伸縮率が異なるので、2枚の違う布を縫うときはずれがちです。
また布目が違ってもずれます。まち針を打つだけではなくしつけをかけて、ゆっくり縫いましょう。

Q. タオル地を縫うとループが針穴に入り込んで、針が進みません。

A. タオル地の下にハトロン紙を一枚はさんで縫うと、ループが針穴に入り込むのを防げます。

Q. でき上がり線を引かないときは、何を手がかりに縫えばいいのでしょうか？

A.

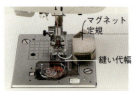

マグネット定規／縫い代幅

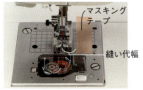

マスキングテープ／縫い代幅

目盛り／縫い代幅

針板に磁石でつけられる「マグネット定規」(写真左上)、あらかじめステッチ幅を設定して縫えるガイドつきの押さえ(写真中)などのグッズを使うと、でき上がり線を引かなくても縫い代を正確にとって縫うことができます。マグネット定規の代わりに、マスキングテープを貼る方法も(写真下)。

針板の目盛りを頼りに縫う方法もあります。縫い代幅に合った目盛りの位置関係を確認し、目盛りの線と布端をそろえて縫います。

Q. 細長いものを縫うと、どんどん布がよれていってしまいます。

A.

NG! ／ずれ

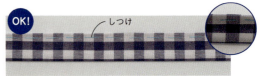

OK! ／しつけ

送り歯が当たる下側の布が多めに送られがちなので、長い距離を縫うと上側の布と下側の布がずれ、よれてきてしまいます。チェックの布などは、ずれが顕著に……。

しつけをかけてゆっくり縫えばよれません。

作業 ミシン縫い

2. 基本の縫い方

細いものを縫う

1. 細長いパーツをを四つ折りにするときは、まず布幅を半分に折ってアイロンをかけ、いったん布を開く。

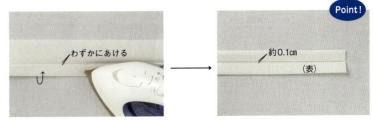

2. 1でつけた折り目に向かって片側の布端を折るが、このとき中央の折り目よりもわずかに手前まで折るのがポイント。反対側の端も同様に折る。中央に0.1cmほどのすき間を開けておくことがコツ。

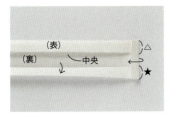

3. 片側の折り目を開き、短辺の布端を折る。

4. 3の★部分を△部分に折り込んで四つ折りにする。この折り方だと、布端がはみ出すことなく縫える。

5. でき上がり幅に折れたところ。2で中央にすき間を開けたことで、すっきりと折れる。

6. 縫い始めは針が進みにくいことがある。写真のように上糸と下糸を引きながら縫うと、スムーズに針が進む。ここは針に糸を通して糸始末をするので、糸は長めに残しておく。

7. 上糸と下糸を針に通して糸始末をする。糸が出ているきわから針を入れ、離れた場所から出して糸を切る。

8. 糸始末まで終わったところ。このようなパーツは縫い目が表に出るので、糸始末もていねいに。

Q. ループのような中表に縫った細いものをうまく表に返せません。

A. 細いループ状のものは、表に返しやすいよう布をバイアスに裁って作りましょう。下記の2つの方法を紹介します。

● 毛糸用のとじ針を使う方法

1. 写真のように縫い目が外側に反っていくように縫い終える。針を通すので糸は少し長めに残しておく。

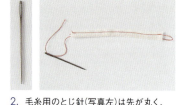

2. 毛糸用のとじ針(写真左)は先が丸く、長さも長いので使いやすい。糸端を針に通し、針をループの中に通して出す(写真右)。

3. 針を抜いて糸端を静かに引っぱると反対側の布端が内側に入っていく。

4. そのまま引っぱって表に返せたところ。表に返したら糸は切ってしまってよい。

● ループ返しを使う方法

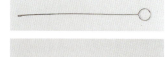

1. ループ返し(写真上)を使う方法も。ループ返しを布の中に通して反対側から出す。この方法は糸端は短く切ってしまってかまわない。

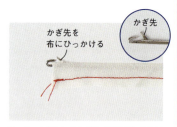

2. ループ返しのかぎ先(円写真)を布に引っかける。

3. ループ返しを引っぱる。布を引っかけた部分に軽く手を添えておく。

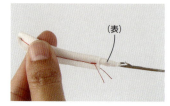

4. そのまま引っぱると引っかけた部分が内側から出てくる。

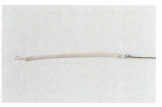

5. 表に返したところ。布目が粗い布はほつれやすいので、毛糸用のとじ針を使う方法が向いている。

筒状のものを縫う

1. 布端を三つ折りにする。写真は縫い代2.5cmを1cm→1.5cmの三つ折りにするところ。最初に1cm折ってアイロンをかける。

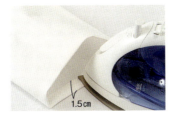

2. 次に1.5cm折ってアイロンをかける。

3. 表を外側にして、写真のように筒の内側を見ながら縫うと縫いやすい。

フリーアーム機能を使う場合

1. 家庭用のミシンには、針板まわりをはずせるフリーアーム機能がついているタイプがある。

2. 布の裏を外側にして縫う。そで口やバッグの入れ口など、この部分にはまる大きさの筒状のものを縫うのに、便利な機能。

糸始末の方法

1. 縫い終わった状態。表に出ている糸を裏に引き込んで始末する。

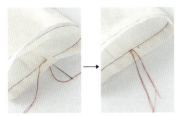

2. 表の糸を2本まとめて針に通して、裏に出す。

3. 4本まとめて針に通し、糸の出ているきわから針を入れて、少し離れたところから出す。

4. 布のきわで糸を切る。玉どめは作らなくてよい。

曲線を縫う

内カーブどうしを縫う

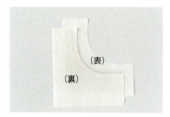

1. 2枚を中表に合わせてまち針を打ち、しつけをかける。

2. カーブの部分は、時々押さえを上げて（針は下ろしたまま）、布の向きを変えながら、ゆっくりと縫う。

3. 縫い終わり。

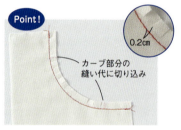

4. 縫い代に切り込みを入れる。約1cm間隔で縫い目の0.2cmほど手前まで入れる。

5. 表に返して、形を整えながらアイロンをかける。

6. でき上がり。切り込みを入れたことでカーブのラインがきれいに出せる。

教えて よう子先生

Q. 縫い代に切り込みを入れるのはどういうとき？

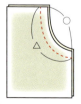

A. でき上がり線（△）より布端の長さ（○）が短いときです。その場合、でき上がり線に合わせて布端を広げてあげないと、表に返したときに縫い代がつれてしまいます。切り込みを入れることで布端が広がるので、表に返してもつれません。55ページで、くぼんだ部分の角に切り込みを入れたのも同じ理屈です。

外カーブどうしを縫う

作業 ミシン縫い

2. 基本の縫い方

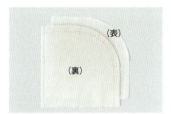

1. 2枚を中表に合わせてまち針を打ち、しつけをかける。

2. カーブの部分は、時々押さえを上げて（針は下ろしたまま）、布の向きを変えながら、ゆっくり縫う。

3. 縫い終わり。

Point!

4. カーブの部分の縫い代をぐし縫いする。糸端は玉結びや玉どめをせず、長めに残しておく。

5. 両方の糸端を少しずつ引っぱって縫い代を縮める。

6. 5で縮めた縫い代を、アイロンをかけて片側に倒す。

7. 表に返し、形を整えながらアイロンをかける。

8. でき上がり。縫い代をぐし縫いしたことで、カーブのラインがきれいに出せる。

教えて よう子先生

Q. ぐし縫いするのはどうして？

A. 外カーブは布端（○）ができ上がり線（△）より長いので、そのまま表に返すと縫い代にがだぶついてゴロゴロしてしまいます。ぐし縫いして糸を引きしぼることで布端の長さを縮め、表に返したときに縫い代分が内側でたるまないようにします。

内カーブと外カーブを縫う

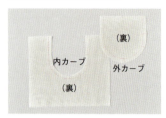

1. それぞれに合印をつけておく。

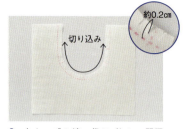

2. 内カーブの縫い代に、約1cm間隔で、でき上がり線の0.2cmほど手前まで切り込みを入れる。

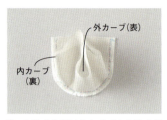

3. 2枚を中表に合わせてまち針を打ち、しつけをかける。切り込みを入れた内カーブの布を上にして縫う。

4. 端からゆっくり縫い始める。

5. カーブは布にしわが寄っているので、目打ちでそのしわをつぶすように押さえ、でき上がり線をしっかり見ながら縫う。

6. 時々押さえを上げて、布の向きを変えながら縫う。

Point!

縫いにくいところをうまく縫うには、しつけをかける、目打ちを使う、でき上がり線がきちんと見える状態で縫う、の3つがコツ。

7. 縫い終わったら、アイロンをかけて縫い代を倒す。縫い代を倒す方向はデザインによる。

8. でき上がり。

立体を縫う

直線どうし

1. 側面の角に合わせてまちに合印をつける。

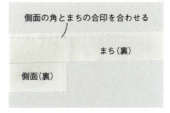

2. 2枚を中表に合わせ、端から角までまち針を打ち、まず1辺にしつけをかける。

3. まちを上にして、端から角の合印までを縫う。

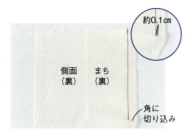

4. まちの角の縫い代に切り込みを入れる。縫い目の0.1cmほど手前まで切り込む。

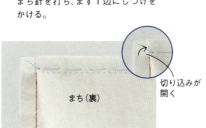

5. 次に縫う辺にまち針を打ってしつけをかける。4で入れた切り込みが開くので(円写真)、次の辺もスムーズに合わせられる。

6. 次の合印まで縫い、4と同様に角に切り込みを入れる。

7. 5と同様に、次の辺にまち針を打ってしつけをかけて縫う。もう1枚の側面も同様に縫い合わせる。

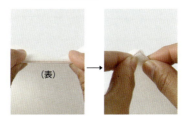

8. 表に返し、はぎ目を折って押さえる(写真左)。角も右の写真のようにつまんできれいに形を出す。立体に縫ったものはアイロンをかけるのが難しいので、手アイロン(→p.53)を活用する。

9. でき上がり。

直線と曲線

1. 両方のパーツに細かく合印をつける。
2. 側面のわきを中表に縫って筒状にする。縫い代は割ってアイロンをかける。
3. 2と底面を中表に合わせ、合印を合わせてまち針を打ち（写真左）、しつけをかける（写真右）。

4. 側面を上にして縫う。目打ちで側面に寄ったしわをつぶすように押さえて、でき上がり線がしっかり見える状態にして縫うのがコツ。
5. 縫い終わり。
6. アイロンをかける。小さくてアイロンがかけにくいものは、タオルなどを入れるとよい。
7. 表に返して、はぎ目を指で押さえる。

8. でき上がり（底側から見たところ）。

Q. 2枚の布を立体的に縫い合わせるときは、どちらを上にして縫えばいいですか？

A. 2枚の布端の長さを比べて短いほうを上にします。布端の長さが短いほうは縫い代に切り込みを入れることが多く、切り込みを入れたほうを下にしては縫いにくいですよね。縫い終わってから切り込みを入れる場合もありますが「切り込みを入れるパーツが上」と覚えておきましょう。
立体以外でも切り込みを入れたり、ギャザーやタックを寄せたりする布は縫うときに注意が必要なので、そちらを上にして縫います。

タックを寄せる　※タックは型紙にに書かれた斜線の、高いほうから低いほうにたたむ。

作業 ━━ ミシン縫い

2. 基本の縫い方

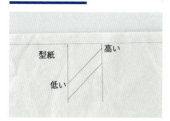

1. 右側を上にして布をたたむ場合。

2. 布の表に型紙を置いて、まち針でとめる。

3. タックは表から印の位置がわかると便利。裏側に印をつけていても、たたむときに縫い代に合印の切り込みを入れるとよい。

4. 型紙をはずす。高くなるほうの合印をつまんで折り、もう一方の合印と合わせる。

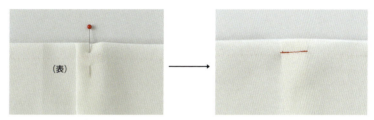

5. まち針でとめて（写真左）、でき上がり線よりも少し縫い代側を縫って仮どめする（写真右）。型紙に書かれた幅の半分が実際のタックの幅になる。

左側を上にして布をたたむ場合。

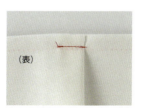

写真のように斜線が向かい合っているタックのときは、両側から中心に向かってたたむ。

ギャザーを寄せる

1. ギャザーが均等に寄るよう、全体を等分して（長い場合はよりたくさん）合印をつける。

2. ギャザーを寄せると合印が見えなくなってしまうので、合印の位置をしつけ糸で縦に粗く縫って、目安の印をつけておく。

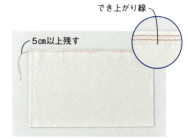

3. 縫い代に粗い針目（円写真）で2本縫う。縫い始めも終わりも返し縫いはせずに、両端とも糸は5cm以上残す。1本ではなく2本縫うことでギャザーをきれいに寄せられる。

4. ギャザーを寄せた布と縫い合わせる布にも、全体を等分した合印をつけておく。両方の布の合印間の長さが同じになるよう、ギャザーを寄せる。

5. 上糸2本をいっしょに持ち、引っぱる。引っぱりながら反対の手で、布を中央に向かって少しずつ寄せていく。

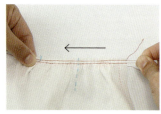

6. 中央までギャザーを寄せたら（写真左）、今度は逆側から同じように中央に向かってギャザーを寄せる（写真右）。

7. 上の布と合印が合うように、ギャザーを調整する。

作業 ミシン縫い

2. 基本の縫い方

8. 2枚を中表に合わせて、まち針を打つ。

9. 目打ちでギャザーを押さえながら縫う。目打ちを使うことでギャザーの山が斜めにならず、でき上がり線を見ながら縫える。

粗ミシン / 9の縫い目

10. 縫い終わり。ギャザーを寄せた糸は抜かなくてよい。

11. 縫い代をアイロンで押さえて落ち着かせる。

12. 2枚いっしょに布端に縁かがりミシンをかける。右は反対側から見たところ。

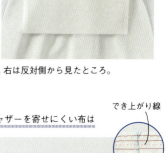

ギャザーの端の位置に気をつけて！

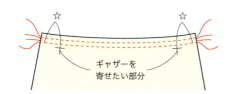

粗ミシンの端はギャザーがゆるみやすいので、実際にギャザーを寄せたい部分よりも外側(☆)まで粗ミシンをかけておきます。

ギャザーを寄せにくい布は

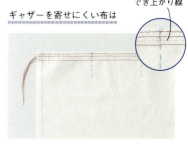

でき上がり線

厚地などギャザーを寄せにくい布は、でき上がり線の下にも粗ミシンをかけておくと(計3本)、きれいに寄せられる。ただし、でき上がり線の下の糸はあとから抜くので、針穴が目立つ布にはこの方法は使えない。

ダーツを縫う

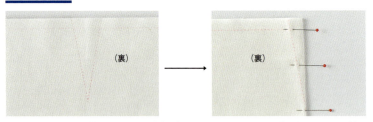

1. V字部分を縦に2等分するように中表に折り、ダーツのでき上がり線を合わせてまち針を打つ(写真右)。

2. 印の上を縫うが、最後の1〜2cmはでき上がり線より少し内側にカーブさせて縫い消す(円写真)。縫い終わりは返し縫いはしない。

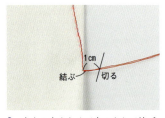

3. 糸を2本まとめて布のきわで結び、1cmほど残して切る。

4. 表から見たところ。2で自然に縫い消したことできれいなダーツになっている。

自然に縫い消さないと右の写真のようにくぼみができてしまう。

Q. 作業台が糸くずだらけになってしまいます。

A. 糸くずなど製作中に出るゴミをまとめておけるものを用意するといいですね。小さなゴミ箱をテーブル上に置いてもいいのですが、写真のようにミシンの端に小さなビニール袋をマスキングテープなどでとめておく方法も、手軽でおすすめです。

教えて よう子先生

作業 ミシン縫い

まちを縫う

三角まち（1枚の布を底から二つ折りにしている場合）

1. 底から中表に二つ折りにし、両わきを縫う。縫い代は割ってアイロンをかける。
2. 底の両端を三角につぶす。このとき、わきのはぎ目（写真左）と1で折った底の「わ」の折り目（写真右）が合うようにまち針を打つ。

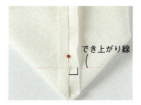

3. わきのはぎ目に垂直に、指定の寸法でまちのでき上がり線を引く。
4. でき上がり線上を縫う。
5. でき上がり線から1cmのところでカットし、布端に縁かがりミシンをかける。

三角まち（2枚の布を縫い合わせている場合）

1. 2枚の布を中表に合わせ、わきと底を続けて縫う。縫い代は割ってアイロンをかける。
2. 上の2～4と同様に縫う。この場合は、わきと底のはぎ目を合わせる。
3. 上の5と同様にでき上がり線から1cmのところでカットし、布端に縁かがりミシンをかける。

三角まち（最初から角を裁っている場合）

1. 2枚の布を中表に合わせて両わきと底を縫う。それぞれ縫い代を割ってアイロンをかける。

2. わきと底のはぎ目が合っていることを両側から確認してまち針を打つ。

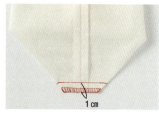

3. 69ページの5と同様にでき上がり線上を縫い、布端に縁かがりミシンをかける。

まちになる部分を、縫ってから切る方法（→p.69）も、切ってから縫う方法も、仕上がりはいずれも上の写真のようになる。

好みの大きさでバッグを作る方法

69、70ページの方法でまちつきのバッグを作るときは、イラストの方法で寸法を割り出せます。

A＝幅＋まち
B＝高さ×2＋まち
に、それぞれ縫い代を足した寸法

このサイズのバッグは…

A＝40cm、B＝50cmに縫い代（1cm）を足して、42cm×52cmの布で作れます。

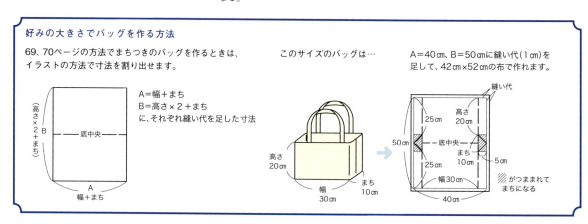

作業 ✂ ミシン縫い

2・基本の縫い方

屏風だたみのように折って縫う方法

底を屏風のようにたたんでわきを縫ってまちを作る方法。

布を二つ折りにして縫う方法

底をひと折りしてわきを縫ってまちを作る方法。底を引っぱればペタンコになるので、エコバッグなどに便利。

屏風だたみの折り方

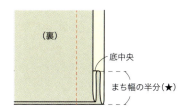

二つ折りの折り方

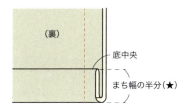

別布のまちをつける方法

別布のまちをつけるバッグは、63ページの「立体を縫う　直線どうし」の方法で本体とまちをきれいに縫い合わせることができます。わきを別布にするタイプ（イラスト左）、わき〜底を別布にするタイプ（イラスト右）とも、指定の位置に切り込みを入れ、切り込みを入れた布を上にして縫いましょう。

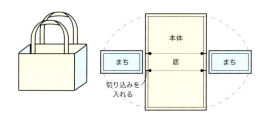

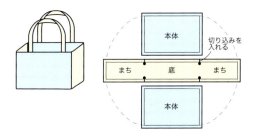

3. ファスナーのつけ方　ポイントは押さえ金の使い方やスライダーの動かし方など。伸び止めテープを貼る位置も大切です。

ファスナー各部の名称　　ファスナーの種類

● 素材

スタンダートタイプ		務歯の部分がコイル状になっているファスナー。
フラットニット®ファスナー		スタンダートタイプよりも務歯が薄くて縫いやすい。
コンシール®ファスナー		務歯が表から見えないようにつけられる。ワンピースなどファスナーを見せたくないデザインのものに使う。
金属ファスナー		務歯、スライダー、引き手が金属製。金属の色はゴールド、アンティークなどもある。
ビスロン®ファスナー		務歯がプラスチック製。スポーツウエア、アウトドアウエアなどによく使われる。

はさみで切れる（コイルファスナー）／はさみで切れない

①上止め　②務歯（エレメント）
③スライダー　④引き手
⑤下止め

ファスナー押さえ

ファスナーつけ専用の押さえ金がついているミシンもある。片押さえともいう。

※ 73ページ〜のファスナーつけのプロセスは職業用のミシンを使っているので、この押さえ金とは形状が異なっています。

● 開け方

片開きファスナー		洋服、バッグなどに使われる一般的なファスナーで、下止めでファスナーが止まる。
オープンファスナー		アウターの前あきなどに使われ、下ろすとスライダーがはずれる。
両開きファスナー		スライダーが頭合わせに2つついていて、両側に開く。ボストンバッグやリュックの入れ口に使われることが多い。

作業 ミシン縫い

3. ファスナーのつけ方

バッグやポーチなど

1. 縫い代を折ってファスナーに重ね、まち針を打つ。慣れないうちは布の折り山が重なるところに、あとから消せるタイプのペンで線を引いておくとよい（写真右）。

2. しつけをかける。ファスナーが1cm見える作り方になっていることが多いが、その場合はファスナーを務歯の中央から0.5cmの位置につける。

3. 押さえ金を片押さえに替え、ファスナーを少し開けて縫い始める。押さえの右側に務歯がくるときは押さえ金を左側にセットする。

4. 途中まで縫ったら針を下ろしたまま押さえを上げる。

5. 引き手を引いてスライダーを押さえの向こう側に移動させる。布を少し回転すると移動させやすい。ファスナーを閉めた状態で最後まで縫う。

6. 縫い終わったところ。

7. 反対側も同様に縫うが、務歯が押さえの左側にくるので、押さえ金は右側にセットする。

スカートなど ※ここでは後ろあきの方法を説明しているので右後ろ側の布が上になる。

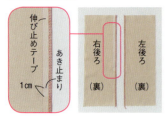

1. 右後ろの縫い代に伸び止めテープ（→p.19）を貼る。上からあき止まりより1cm下まで貼る。両方の布端に縁かがりミシンをかける。

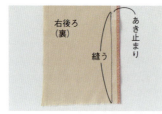

2. 2枚を中表に合わせ、あき止まりから下を縫う。

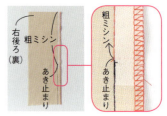

3. あき止まりから上に粗ミシンをかける。ここはあとからほどくので針目を粗くする。手縫いでしつけをかけてもよい。

4. 縫い代を割ってアイロンをかける。

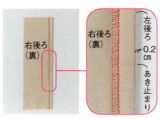

5. 左後ろの縫い代を0.2cm出して折る。

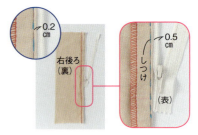

6. ファスナーを下に重ね、5で0.2cm出して折った部分のはぎ目にしつけをかける（写真右）。

7. ファスナー押さえに替え、針の左側にセットする。ファスナーを開けてしつけ糸の右のきわを縫う。

8. 途中まで縫ったら針を下ろしたまま押さえを上げ、スライダーを向こう側に移動させる（→p.73-5）。

9. 縫い終わったところ。

作業 ミシン縫い

3. ファスナーのつけ方

10. 2枚の布を広げたところ。

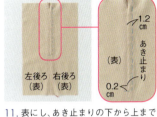

11. 表にし、あき止まりの下から上まで続けて、右後ろにしつけをかける。

12. 縫い始めは返し縫いをし、しつけ糸から約0.2cmファスナー側を縫う。

13. 途中でスライダーの位置を下にずらすので、3で縫った粗ミシンの縫い目を途中までほどく。

14. 針を下ろしたまま押さえを上げて、スライダーを向こう側に移動する。

15. 上まで縫い終わったところ。

16. 粗ミシンの縫い目をすべてほどき、しつけ糸を抜く。

17. でき上がり。

コンシールファスナー

コンシールファスナーは、ねている務歯を起こしながらミシンをかけるので、専用の押さえを使う。ファスナーはあき寸法より3cm以上長いものを用意する。

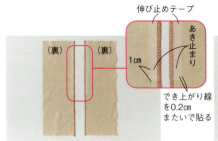

1. 両方の布の縫い代に伸び止めテープ（p.19）を貼る。上からあき止まりより1cm下まで貼る。両方の布端に縁かがりミシンをかける。

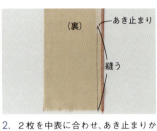

2. 2枚を中表に合わせ、あき止まりから下を縫う。

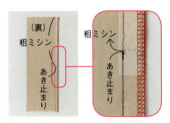

3. あき止まりから上に粗ミシンをかける。ここはあとからほどくので針目を粗くする。手縫いでしつけをかけてもよい。

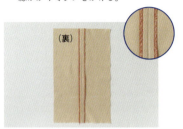

4. 縫い代を割ってアイロンをかける。

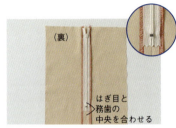

5. はぎ目と務歯の中央を合わせてファスナーを置く。

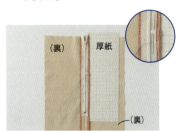

6. あき止まりから上のファスナーと縫い代にしつけをかける。表側の布まですくわないよう、縫い代の下に厚紙などをはさんで縫うとよい。

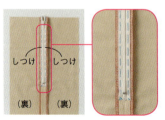

7. 両側にしつけをかけたところ。3で縫った粗ミシンの糸はここで抜いておく。

8. ファスナーの下を持ち上げたら、あき止まりから上が開いているのがわかる。

作業 ミシン縫い

3. ファスナーのつけ方

あき止まり

9. ファスナーを開け、8のすき間からあき止まりより下にスライダーを引き出す。

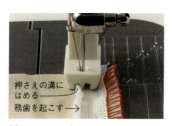

押さえの溝にはめる
務歯を起こす→

10. コンシール押さえをセットし、ファスナーの務歯を起こしてコンシール押さえの左側の溝にはめて縫う。

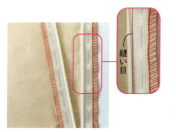

縫い目

11. 縫い終わったところ(写真左)。務歯のきわが縫えているのがわかる(写真右)。

(裏) (裏)

12. 反対側は押さえの右側の溝に務歯をはめ、同様に縫う。

13. 9で下によけたスライダーを引き出して(写真左)、上まで閉じる(写真右)。

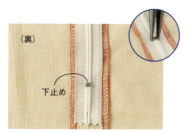

下止め

14. あき止まりの位置まで下止めを移動させ、ペンチで押さえて固定する(円写真)。

(裏)

縫い代にだけ縫いとめる

(表)

15. ファスナーの端を縫い代に縫いとめてでき上がり。

4. ポケットのつけ方

わきの縫い目を利用するシームポケットと、縫いつけるタイプのパッチポケットを解説します。

シームポケット（身ごろの右側につける場合）

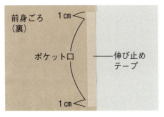

1. 前身ごろのポケット口の縫い代に伸び止めテープを貼る。上下ともポケット口より、1cm長く貼る。

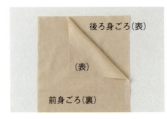

2. 後ろ身ごろの布と中表に合わせる。

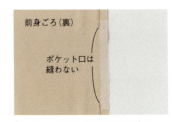

3. ポケット口を残してわきを縫う。

4. 縫い代を割ってアイロンをかける。

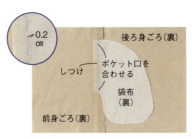

5. 袋布1枚を前身ごろのポケット口の縫い代と中表に合わせ、0.2cm縫い代側にしつけをかける。

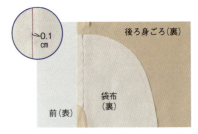

6. 後ろ身ごろを縫い込まないように注意しながら、でき上がり線としつけの間を縫う。しつけ糸を抜く。

7. 前身ごろと袋布の縫い代に縁かがりミシンをかける。

8. 前身ごろを広げて袋布を前側に倒す。

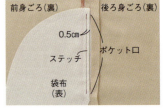

9. ポケット口に0.5cm幅でステッチをかける。

作業 ミシン縫い

4. ポケットのつけ方

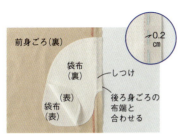

10. もう1枚の袋布を中表に合わせ、後ろ身ごろと袋布の縫い代にしつけをかける。

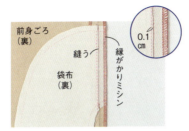

11. 前身ごろを縫い込まないように注意しながら6と同様に縫う。しつけ糸を抜き、後ろ身ごろと袋布の縫い代に縁かがりミシンをかける。

12. 袋布のまわりにしつけをかける。

13. でき上がり線上をぐるりと縫う。縫い始め、縫い終わりともミシンが入るところまで縫えばよい(右写真)。力がかかるところなので二重に縫っておくと安心(円写真)。

14. 袋布のまわりに2枚いっしょに縁かがりミシンをかける。

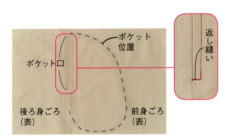

15. 表にし、ポケット口の上下に返し縫いをしてポケット口を補強する。

パッチポケット

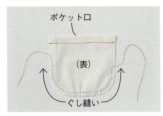
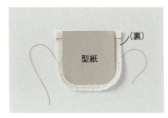

1. 最初にポケット口を三つ折り縫い（→p.82）する。カーブの部分の縫い代をぐし縫いする。玉結び、玉どめはせず、糸端を長く残しておく。

2. 裏側に厚紙で作った型紙を置く

3. ぐし縫いした糸を引き、型紙の形に沿うよう縫い代を縮める。

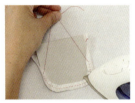

4. アイロンをかけて形を固定する。

5. 印つけのときはポケットつけ位置の印を布の裏につけているので（写真左）、表側にポケット位置の印をつける。ポケット口の印の角にまち針を刺し（写真中）、表側の針が出たところに印をつける（写真右）。もう一方の角も同様にして印をつける。

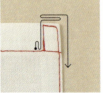

6. 5でつけた印とポケットの角を合わせて置く。まち針を打ち、しつけをかける。

7. わきと底を縫うが、ポケット口の角は力がかかるので返し縫いをして補強する。写真は補強のための縫い方の例。

5. 布端の始末

布やデザインによって、布端の始末の方法も変わります。

二つ折り縫い

布端が直線の場合

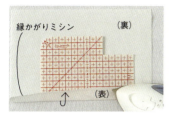
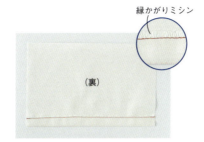

1. 布端に縁かがりミシンをかけ、でき上がり線で折ってアイロンをかける。アイロン定規を使うと便利。

2. 縁かがりミシンの縫い目のすぐ下を縫う。

布端が曲線の場合

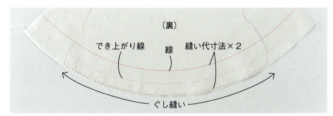

1. カーブの部分の縫い代をぐし縫いする。布端から0.3㎝の位置を縫い、糸端は玉結び、玉どめはせず、長めに残しておく。でき上がり線だけではなく、折ったあとの布端の位置（縫い代幅×2）にも線を引いておく。

2. でき上がり線で折り、1で引いた線に布端が沿うようにぐし縫いした糸を引く。

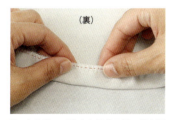

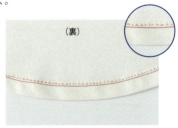

3. 糸を引いて縮めた部分の縫い目を調整して、バランスを整える。

4. アイロンで縫い代を押さえる。

5. 縁かがりミシンの下を縫う。慣れないうちはしつけをかけて縫うとよい。ぐし縫いした糸は抜かなくてよい。

三つ折り縫い

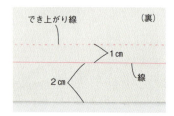 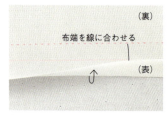 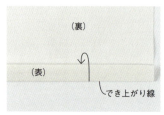

1. 写真は縫い代が3cmで、1cm→2cmの三つ折りにする例。でき上がり線とは別に、最初に折る目安となる線(この場合は布端から2cm)を引いておくと作業がスムーズ。

2. 最初に線に向かって折り、アイロンをかける。

3. でき上がり線で折ってアイロンをかける。81ページと同様にアイロン定規を使うと折りやすい。

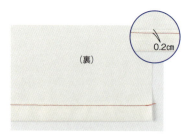 

4. 折り山から約0.2cmのところにステッチをかける。

薄い布の場合

薄く透ける布を1cm→2cmのように折り幅を変えて三つ折りにすると、布端が目立ってしまう。このような布の場合は、2回の折り幅を同じにする(写真右)。折り幅を同じにした三つ折りを「完全三つ折り」という。その場合は、その分の縫い代をプラスする。

教えてよう子先生

Q. 薄い布の縫い始めに返し縫いをすると、布がくしゃくしゃっとなってしまいます。

薄い布の縫い始めは、薄地用の針と糸で縫っても布がよれてしまい、返し縫いがきれいにできないことが。

 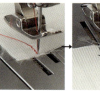

A. 返し縫いボタンを使わず、布の向きを変えて縫いましょう。進行方向とは逆向きに布を置き、布端から1cm弱のところに針を落とします(写真左)。布端に向かって縫い(写真中)、針を下げたまま押さえを上げ、布の向きを変えて縫う方法で(写真右)返し縫いをしましょう。

布端にミシン　※左からジグザグミシン、裁ち目かがり、ロックミシン。

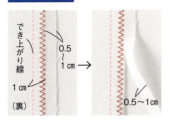

縫い代を1cmとする場合、さらに0.5cm〜1cmの余分をつけて布を裁つ。でき上がり線から1cmの位置にジグザグミシンをかけ（写真左）、布端を切る（写真右）。

裁ち目かがり機能を使うときは、右側は布端に針が落ちるように縫う。ジグザグミシンよりもしっかり布端の始末ができる。

ロックミシンは、きれいにしっかり布端の始末ができる。縫い始めと縫い終わりは長めに糸を残し、毛糸用のとじ針など太い針に糸を通して、縫い目の中にくぐらせて始末する。

折り伏せ縫い　※縫い代が隠れるので、すっきりと仕上げられる。ベビー用の肌着にも使われる縫い方。

1. 2枚の布を中表に合わせて縫う。

2. 上側の縫い代の幅を半分に切る。

3. 2で切った布端をくるむように、下側の縫い代を折る。

4. 布を開いて、3でくるんだ縫い代を倒す。

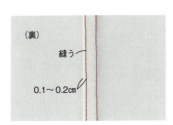

5. 3で折った折り山の端から0.1〜0.2cmのところにステッチをかける。

割り伏せ縫い　※厚手の布の布端の始末に向いている。

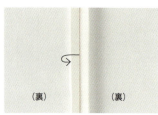

1. 2枚の布を中表に合わせて縫う。
2. 縫い代を割り、それぞれの縫い代の幅を半分に山折りする。

3. それぞれ折り山の端から0.1〜0.2cmのところにステッチをかける。

> **教えて よう子先生**
>
> **Q.** ステッチをかけるときは縫うところに線を引かないのですか？
>
> **A.** 表から見えないところは、慣れるまでは線を引いたほうが安心ですが、表から見えるところは線を引かずに、押さえ金のどの位置に折り山を合わせればいいか試し縫いをして確認し、それを目安にゆっくりステッチをかけましょう。

袋縫い　※表から縫い代が透けるときや、ジグザグミシンや裁ち目かがりでは布端がほつれてしまうときに使う。縫い代は2cmとって裁っておく。

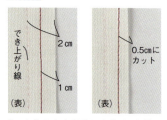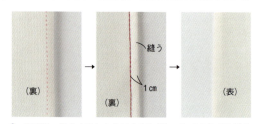

1. 2枚の布を外表に合わせて、縫い代幅の半分の位置を縫う。布端を0.5cmに切りそろえる。
2. 縫い代を割る。
3. 2の縫い代をくるむように中表に折って、でき上がり線上を縫う。

6. バイアス布を使った布端の始末

テープ状にしたバイアス布を使うと、カーブした布端もきれいにくるむことができます。

バイアスに裁つ

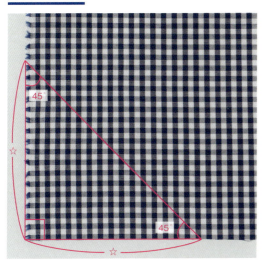

1. 布に45度のバイアス線を引く。直角に裁った布端から等距離のところに印(☆)をつけ、印を結んで線を引く。

2. 方眼定規を使って、最初に引いた線と平行になるように指定の幅の線を引く。

3. 線に沿って裁つ。ロータリーカッターを使うときれいに切れる。

市販のバイアステープ

様々なタイプの市販品がある。色数が豊富な無地のほかリネンやチェック、ドットなどもある。

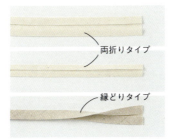

市販品は主に「両折りタイプ」(上・中)と、両折りタイプの幅を半分に折った「縁どりタイプ」(下)がある。両折りタイプを半分に折って縁どりタイプとして使うこともできる。購入時はテープの幅に気をつける。1cmの縁どりに使うときは、縁どりタイプは幅1cmの商品を買えばよいが、両折りタイプは幅2cmの商品を買う。

バイアステープを作る

  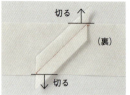 

1. 2枚の布をハの字になるよう中表に合わせてまち針を打つ。
2. 縫う。
3. 縫い代を割ってアイロンをかけ、はみ出た部分を切り落とす。

布の角どうしを合わせてしまうと(写真左)、表に返したときにずれてしまう(写真右)。1、2のようにでき上がり線を引き、線の端から端を合わせると失敗がない。

左の写真のように斜めの向きが違う布は、中表にハの字に合わせることができない。右のように斜めの向きが同じになるようにカットしてつないでいく。

見返し縫い …… えりぐりの始末などに使われる。バイアステープは表から見えない。
ここではでき上がりのステッチ幅が1cmになる方法で解説。

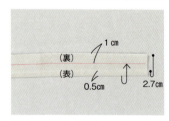 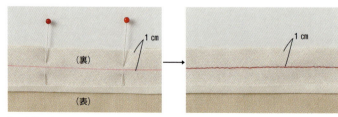

1. バイアステープの片側の長辺を写真のように折る。もう一方の長辺は、布端から1cmのところに線を引く。

2. 本体と中表に合わせてまち針を打ち(写真左)、1で引いた線の上を縫う(写真右)。

作業 ミシン縫い

6・バイアス布を使った布端の始末

3. 縫い目から0.5cmのところで切りそろえる。

4. 布を裏返し、バイアステープを2で縫ったはぎ目から持ち上げてアイロンをかける。縫い代は割る。

5. バイアステープをはぎ目で倒してアイロンをかけ、しつけをかける。

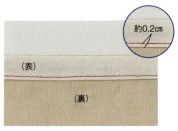
6. バイアステープの折り山から約0.2cmのところにステッチをかける。

縁どり縫い（端ミシン）……ここでは縁どりの幅が1cmになる方法で解説。

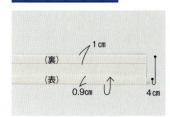
1. バイアステープの片側の長辺を写真のように折る。もう一方の長辺の布は、端から1cmのところに線を引く。

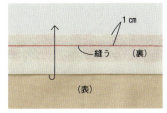
2. 中表に合わせてまち針を打ち、1で引いた線の上を縫う。はぎ目からテープを持ち上げてアイロンをかける。

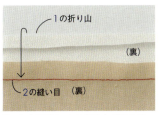
3. 布を裏返し、1の折り山が2の縫い目に沿うように布端をくるむ。
※次のページへ続く

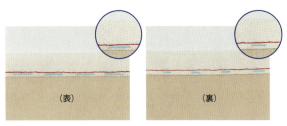

まつる場合

4. 表からしつけをし、ステッチをかける。3で折り山と縫い目を合わせて折っているので、その状態でしつけ糸の上側を縫えば、テープから針目が落ちることはない。

裏側を手でまつる方法もある。1の折り山を2の縫い目に沿うように布端をくるんで折り山をまつる（→p.46流しまつり）。縫い目より布端側をすくい（円写真）、表から針目が見えないようにする。

縁どり縫い（落としミシン）…… ここでは縁どりの幅が1cmになる方法で解説。

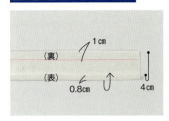
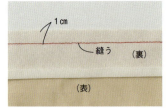

1. バイアステープの片側の長辺を写真のように折る。もう一方の長辺は、布端から1cmのところに線を引く。

2. 中表に合わせて、まち針を打って1で引いた線の上を縫う。

3. 布を裏返し、バイアステープをはぎ目から持ち上げてアイロンをかける。

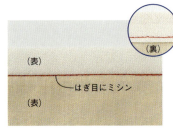

4. バイアステープを折って布端をくるむ。このとき1で折った端が2の縫い目より下にくるようにする。

5. きわにしつけをかける。

6. 表側から、2のはぎ目に落としミシンをかける。4で縫い目を隠すように折れているので、裏側は針目がバイアステープの上にのる（円写真）。

作業 ミシン縫い

6・バイアス布を使った布端の始末

縁どり縫い（端ミシン・内カーブ） …… ここでは縁どりの幅が1cmになる方法で解説。

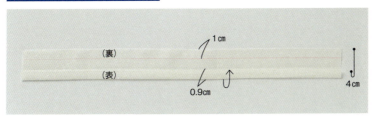

1. バイアステープの片側の長辺を写真のように折る。もう一方の長辺は、布端から1cmのところに線を引く。

2. 中表に合わせて細かくまち針を打つ。

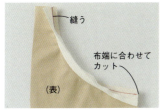

3. 1で引いた線の上を縫う。慣れないうちはしつけをかけてから縫ったほうがよい。

4. 3の縫い目からテープを持ち上げてアイロンをかける。

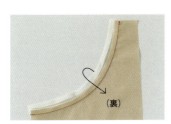

5. 裏側にしてバイアステープを折って布端をくるみ、しつけをかける。表からかけるが（写真右）、4の縫い目に沿っているか、裏も確認しながら縫う。

6. バイアステープを伸ばしぎみにして、表からステッチをかける。

縁どり縫い（端ミシン・外カーブ） …… ここでは縁どりの幅が1cmになる方法で解説。

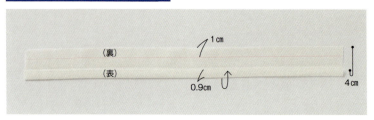

1. バイアステープの片側の長辺を写真のように折る。もう一方の長辺は、布端から1cmのところに線を引く。

2. 中表に合わせて細かくまち針を打つ。

3. テープはしわが寄っているので、しわをつぶすように縫う。しわが寄った状態で縫ってしまわないよう、1で引いた線の上を目打ちで押さえながら縫う。

4. 縫い上がり。

5. 4の縫い目からテープを持ち上げてアイロンをかける。

6. 裏側にしてバイアステープを折って布端をくるみ、しつけをかける。しつけは表からかけるが（写真右）、4の縫い目に沿っているか、裏も確認しながら縫う。

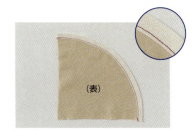

7. 表からステッチをかける。

作業 ━━ ミシン縫い

6. バイアス布を使った布端の始末

厚手の布や、キルト芯をはさんでいる場合

キルト芯

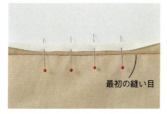
最初の縫い目

通常バイアステープは仕上がり幅の4倍で用意するが、バッグやポーチなどの小物は厚手の布をくるんだり、間にキルト芯をはさんだりすることも多く、4倍の幅では足りず、最初の縫い目が隠れないことも（写真右）。その場合は布端をカットするか、太め（仕上がり幅の4倍＋くるむ布の厚み分）のバイアステープを用意する。

ぐるりと一周縁どりをする場合

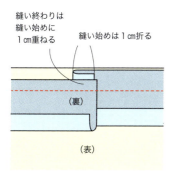

縫い終わりは縫い始めに1cm重ねる
縫い始めは1cm折る
（裏）
（表）
手縫いの場合は反対向きに縫い進める

縫い始めや、はぎ目はカーブ部分をさける

教えて よう子先生

Q. 直線部分をくるむのもバイアスに裁った布を使わないとダメですか？

A. バイアスに裁つのは、伸縮する特性を利用してカーブの部分をきれいにくるむためなので、直線部分をくるむのならバイアスに裁たなくてもかまいません。ただしチェック柄などはバイアスに裁つことで柄向きに変化が出るので、デザインとして直線部分でもバイアスに裁って使うこともあります。

索引

【1】
1本どり ... 42
2本どり ... 42

【A】
BL ... 29
HL ... 29
KL ... 29
NP ... 29
SP ... 29
S撚り ... 20
T/C ... 13
WL ... 29
Z撚り ... 20

【あ】
合印 ... 28 32
アイロン定規 ... 25 81
あき止まり ... 8 29
アクリル ... 10 13
麻 ... 10 13
足つきボタン ... 48
厚地用まち針 ... 23 38
後染め ... 15
綾織り ... 15
粗裁ち ... 41
粗ミシン ... 41
糸足 ... 41 47
糸切りばさみ ... 22
糸立て棒 ... 50
糸調子 ... 51
糸通し ... 24 42
いろも ... 20
ウール ... 10 13
ウエイト ... 21
ウエストベルト ... 9 29
ウエストライン ... 29
後ろ中心・後ろ中心線 ... 8 29
後ろ身ごろ ... 8 29
後ろヨーク ... 8
上糸 ... 50 51
上えり ... 8
上止め ... 72
えりぐり ... 8 29
えりつけ線 ... 29
エレメント ... 72
オーガンジー ... 14
オープンファスナー ... 72
奥たてまつり ... 46
奥まつり ... 46
送りカン ... 9
送り歯 ... 50 53
押さえ金 ... 50 72 76
オックスフォード ... 12
落としミシン ... 41 88
折り代 ... 41
折り伏せ縫い ... 83
オンス ... 12

【か】
ガーゼ ... 11
カーブを縫う ... 60 61 62 89 90
返し口 ... 41 54
返し縫い ... 45 51
返し縫いボタン ... 50
化学繊維(化繊) ... 10 13
カギホック ... 49
角カン ... 9
囲み製図 ... 41
片押さえ ... 72
型紙 ... 27 28 30 41
肩先 ... 29
肩線 ... 8 29
肩線の首のつけ根 ... 29
片開きファスナー ... 72
カッティング定規 ... 22 31
カッティングマット ... 22
カツラギ ... 12
カフス ... 8
釜 ... 50
柄合わせ ... 30
仮どめクリップ ... 23
仮どめボンド ... 23
着丈 ... 8 29
絹 ... 10
ギャザー ... 28 66
胸囲・胸囲線 ... 8 29
切り替え ... 6
切り込み ... 60
切りじつけ ... 34
キルティング ... 14
ギンガムチェック ... 16
金属ファスナー ... 72
ぐし縫い ... 45 61 80 81
グレンチェック ... 16
毛 ... 10 13
原型 ... 41
コイルファスナー ... 72
工作用紙 ... 21 28
コーデュロイ ... 12 30
コキカン ... 9
コットン ... 10
コの字とじ ... 47
小ばさみ ... 22
コバステッチ ... 41
コンシールファスナー ... 72 76
混紡 ... 10 13

【さ】
裁断 ... 31
先染め ... 15

差し込み ... 29
サテン ... 14
三角まち ... 6 69 70
シーチング ... 11
シームポケット ... 6 78
四角く縫う ... 54
直裁ち ... 6 33 41
ジグザグ縫い ... 51
ジグザグミシン ... 83
下糸 ... 50 51
下止め ... 72
しつけ糸 ... 20 40
実物大型紙 ... 41
地直し ... 26
地のし ... 26
地の目 ... 17 26
地の目を通す ... 26
シャツ ... 8
シャンブレー ... 11
手芸用ばさみ ... 22
ショルダーポイント ... 29
シルク ... 10
シルクピン ... 23 31
印つけ ... 32 35
印つけペン ... 21
しろも ... 20
シングル幅（布幅）... 17
スカート ... 9
スカート丈 ... 9
すそ・すそ線 ... 8 9 29
すそ幅 ... 9
ステッチ ... 41
ストライプ ... 16
スナップボタン ... 28 49
スライダー ... 72
スリット ... 9
製図 ... 41
接着キルト芯 ... 18

接着芯 ... 18 36
底中央 ... 9 70 71
そで口 ... 8 29
そでぐり ... 8 29
そで下 ... 8 29
そで丈 ... 8
そで山 ... 8 29
外表 ... 41

【た】
タータンチェック ... 16
ダーツ ... 9 29 68
台えり ... 8
裁ち合わせ図 ... 29
裁ち方図 ... 29
裁ち切り ... 41
裁ちばさみ ... 22 31
裁ち端 ... 41
裁ち目かがり ... 51 83
タック ... 8 65
縦地 ... 17
たてまつり ... 46
ダブル幅（布幅）... 17
玉どめ ... 44
玉結び ... 43
試し縫い ... 52
ダンガリー ... 11
短冊 ... 8
力ボタン ... 48
千鳥格子 ... 16
チャコペン ... 21
チャコライナー ... 21 35
直線縫い ... 51 53
ツイード ... 13
でき上がり線 ... 27 28 56
デニム ... 12
手縫い ... 42
手縫い糸 ... 20 42

手縫い針 ... 24 44
天然繊維 ... 10 11
胴囲・胴囲線 ... 9 29
とじる ... 47

【な】
ナイロン ... 10 13
中表 ... 41
流しまつり ... 46
並縫い ... 45
ニーライン ... 29
ニット地 ... 14 15
縫い代 ... 27 41
縫い代を倒す ... 53
縫い代を割る ... 53
布幅 ... 17
布目 ... 17 26
布目線 ... 17 28
布目を正す ... 26
ネックポイント ... 29
ネル ... 11
ノッチ ... 32
伸び止めテープ ... 18

【は】
バイアス ... 6 17 85
バイアステープ ... 85 86
はぎ目 ... 41
はしごまつり ... 47
端ミシン ... 41 83 87 89 90
バストライン ... 29
はずみ車 ... 50
パターン ... 41
パッチポケット ... 6 80
ハトロン紙 ... 21 27 28
針板 ... 50
針目 ... 51
針山 ... 24

ハンガーループ ... 8
半返し縫い ... 45
パンツ ... 9
パンツ丈 ... 9 29
帆布 ... 12
引き手 ... 72
ひざ線 ... 29
ビスロンファスナー ... 72
ヒップライン ... 29
ひと針返す ... 41
ひも通し ... 25
平織り ... 15
ピンクッション ... 24
ファー ... 14
ファスナー ... 72
ファスナーあき ... 8 9 74 76
ファスナー押さえ ... 72 76
プーリー ... 50
複写紙 ... 21 32 33
袋縫い ... 84
袋布 ... 29 78
二つ穴ボタン ... 47
二つ折り縫い ... 81
縁どり縫い ... 87 88 89 90
普通幅 (布幅) ... 17
ふところ ... 50
布帛 ... 15
ブラウス ... 8
フラットニットファスナー ... 72
フラップ ... 8
フラノ ... 11 13
フランネル ... 11
フリーアーム機能 ... 59
プリント地 ... 15
ブロード ... 11
ヘリンボーン ... 16
ベルト通し ... 9
ベロア ... 14 30

ベンツ ... 9
ボア ... 14
方眼定規 ... 21
ボーダー ... 16
ポケット ... 78
ポケット口 ... 9 78 80
星どめ ... 45
ボタンつけ ... 47
ボタンホール ... 28
ボタンホールステッチ ... 51
ボビン ... 25
ポプリン ... 11
ポリウレタン ... 10 13
ポリエステル ... 10 13
本返し縫い ... 45

【ま】
前スカート ... 8 29
前中心線 ... 29
前端 ... 29
前身ごろ ... 8 29
股上 ... 9 29
股ぐり ... 9 29
股下 ... 9 29
まち ... 6 9 63 69 70
まち針 ... 23 38
まつる ... 46
マドラスチェック ... 16
見返し ... 6 8 9 29
見返し線 ... 28 29
見返し縫い ... 86
ミシン ... 25 50
ミシン糸 ... 20 52
ミシンステッチ ... 41
ミシン針 ... 25 52
水通し ... 26
三つ折り縫い ... 6 82
耳 ... 17

務歯 ... 72
目打ち ... 25
メジャー ... 21
綿 ... 10 11
綿麻 ... 10 13
持ち手 ... 9

【や】
ゆき丈 ... 8
指ぬき ... 24 44
腰囲・腰囲線 ... 9 29
用尺 ... 17 41
横地 ... 17
四つ穴ボタン ... 48

【ら】
ラダーステッチ ... 47
ラミネート加工 ... 14
リッパー ... 25
リップル ... 11
リネン ... 10 13
両開きファスナー ... 72
ループ返し ... 58
ルレット ... 21
レーヨン ... 10 13
ロータリーカッター ... 22 31
ローン ... 11
ロックミシン ... 25 83

【わ】
わ ... 28 41
わき・わき線 ... 8 9 29
わき布 ... 9
ワッシャー加工 ... 14
割り伏せ縫い ... 84
ワンピース ... 8

〈撮影協力〉

● 手芸用品
クロバー株式会社
TEL.06-6978-2277（お客様係）
https://www.clover.co.jp

● 接着芯（p.18, 19）
株式会社ホームクラフト
TEL.03-3254-3701
http://homecraft.co.jp

● 糸（p.20）、糸見本帳（p.52）
株式会社フジックス
https://www.fjx.co.jp

● シャープペンシルタイプの印つけペン、仮どめボンド（p.23）
株式会社ベステック Sewline ソーライン事業部
TEL.03-5212-8851
http://www.sewline-product.com/

● ミシン
JUKI販売株式会社　家庭用ミシン営業統括部
TEL.042-357-2339
http://www.juki.co.jp/household_ja/

● ロックミシン（p.25）
株式会社ベビーロック
TEL.03-3265-2851
https://www.babylock.co.jp/

● ファスナー（p.72～77）
YKK株式会社ファスニング事業本部
0120-13-4128
https://www.ykkfastening.com/japan/

● バイアステープ（p.85）
キャプテン株式会社
TEL.06-6622-0241
http://www.captain88.co.jp

【 巻末付録　洗濯表示の見方 】

2016年以降、不特定多数に販売する洋服には布の組成や洗濯について示したタグをつけることが義務化されました。ネットショップや手づくり市などで販売するときもこのルールを守らなくてはならないので、洗濯表示についての記号や意味を覚えておきましょう。

5つの基本記号

洗濯　漂白　乾燥と干し方　アイロン　クリーニング　＋

付加記号

	強さ	温度		数字	禁止
線なし	普通	・	低い	50	表示の数字より低い温度で洗う
―	弱い	・・	↓	40	基本記号と組み合わせて禁止を表す
＝	非常に弱い	・・・	高い	30	×

洗濯表示の見方

洗濯	漂白	タンブル乾燥	自然乾燥	アイロン	クリーニング
上限40℃ 洗濯機は「標準」	漂白できる	高温80℃まで	日なた／日陰 つり干し	高温200℃まで	P すべての溶剤でドライクリーニングできる
上限40℃ 洗濯機は「標準」	酸素系漂白剤のみ使用できる	低温60℃まで	濡れつり干し	中温150℃まで	F 石油系溶剤でドライクリーニングできる
上限30℃ 洗濯機は「弱」	漂白できない	タンブル乾燥できない	平干し	低温110℃までスチームはなし	ドライクリーニングできない
上限40℃ 手洗い			濡れ平干し	アイロンはかけられない	W ウエットクリーニングできる
家庭では洗えない					W ウエットクリーニングできない

〈著者紹介〉

加藤容子　かとうようこ

東京家政学院大学を卒業したのち洋裁学校で学び、その後、学生の指導やオーダーメイドの縫製などに携わる。現在は雑誌や書籍に掲載する作品制作、イベント出展やミシンメーカーのワークショップなど多方面で活躍中。

ブログ
https://blog.goo.ne.jp/peitamama

インスタグラム
https://www.instagram.com/yokokatope

フェイスブック
https://www.facebook.com/peitamama

〈スタッフ〉

ブックデザイン・イラスト（p.6〜9）
佐々木千代（双葉七十四）

デジタルトレース
下野彰子

撮影
天野憲仁（日本文芸社）

編集
山本晶子

はじめてでもきれいに縫える お裁縫の基礎

2019年3月10日　第1刷発行

著　者	加藤容子
発行者	中村　誠
印刷所	図書印刷株式会社
製本所	図書印刷株式会社
発行所	株式会社 日本文芸社

〒101-8407 東京都千代田区神田神保町1-7
TEL 03-3294-8931（営業）03-3294-8920（編集）

Printed in Japan　112190220-112190220Ⓝ01（200011）
ISBN978-4-537-21661-5
URL https://www.nihonbungeisha.co.jp/
©Yoko Kato 2019
編集担当　吉村

印刷物のため、商品の色は実際と違って見えることがあります。ご承承ください。

乱丁・落丁本などの不良品がありましたら、小社製作部宛にお送りください。送料小社負担にておとりかえいたします。
法律で認められた場合を除いて、本書からの複写・転載（電子化を含む）は禁じられています。
また、代行業者等の第三者による電子データ化および電子書籍化は、いかなる場合も認められていません。